# 英語屋さん



浦出善文
Urade Yoshifumi

a pilot of wisdom

従業員は厳選されたる、かなり少員数をもって構成し、形式的職階制を避け、一切の秩序を実力本位、人格主義の上に置き、個人の技能を最大限度に発揮せしむ

『東京通信工業株式会社　設立趣意書』の中の「経営方針」のひとつ(1946年1月　井深大氏起草)

# 目次

## 第3部……英語屋の卒業論文

# 第1部　新米英語屋の勉強帳

# 第1章　社内「英語屋」ハンティング

## 「英語屋をやってくれ」

「キミにね、ある人の通訳兼カバン持ちのような仕事をやってもらいたいんだよ……」

当時、ソニー株式会社の2年目社員であった私を突然本社に呼び出した人事部長は、おもむろにそう言った。

「なんだか、もったいぶった言い方をするよなあ」

まだ会社という組織の怖さを知らない生意気な若手社員だった私は、内心そうつぶやいた。この異動が、これからの自分のサラリーマン人生を変えてしまうかもしれない。そういう不安も少しはあっただろう。

それにしても、「ある人」って誰なんだ？　いくらこちらがヒラ社員だからといって、人を呼び出しておきながら、こんなにもったいぶった言い方もないだろう。そう思っていた私の顔色を見てかどうか、人事部長はこうつけ加えた。「こういう話があったことは、キミの上司にはしばらく言わないでおいてくれるかな。こちらから追って連絡するから……」

この異動の話を最初に聞いたときは、「2年くらいの任務」という条件だった。だが結局、それから4年半の長きにわたって、私はその「ある人」の英語屋を務めることになった。

最初に、ここでひとつだけお断りしておきたい。「英語屋」という呼称をひどく嫌う人がたまにいる。「オレは英語屋では終わりたくない」などと言う人もいる。だが当時の私は、「英語屋」と呼ばれるのがけっして嫌ではなかった。会社の中で「あいつは何もできない」と言われるよりも、何かひとつでも専門能力として認められたほうがいいと思っていたからだ。

読者の中にも「英語屋」という言葉を嫌われる方がおられるかもしれない。だが私自身は、国際企業として名高いソニーの中でこう呼ばれたことを今でも誇りに感じている。もし不快に思われる方がおられたら、どうぞご容赦願いたい。

## 「ある人」はソニーの創業者だった

それから数日たってふたたび本社に呼び出された私は、いよいよ当の「ある人」に引き合わされた。その人の名は井深大《いぶかまさる》。戦後まもなく、廃墟《はいきょ》と化した東京で東京通信工業株式会社(後のソニー)を創立した、会社の創業者だ。盛田昭夫氏(故人)との二人三脚で、名もない町工場を「世界のソニー」にまで育てた立志伝中の人物である。このとき、井深さんはすでに77歳。数年前にすでに会長の座を退いていたが、取締役名誉会長として「現役」で活躍中だった。

重厚な焦げ茶色の壁に囲まれた広い名誉会長室に通された私は、まるで借りてきたネコのように畏縮《いしゅく》してしまった。名誉会長から何かふたことみこと聞かれたかもしれないが、あまりにも緊張していたのか、そのときの会話はまるで記憶にない。ただ、その「面接」の最後に、秘書の方が10冊くらいの本をドンと積み上げて、「名誉会長が書かれたご本ですから、読んでおいてください」と言われた場面だけ妙によく覚えている。

名誉会長室から職場に戻った私は、だんだん不安に襲われてきた。はたして海外生活や留学の経験がない自分に、このような役が務まるのだろうか。だが、ソニーに入社するときに「英検1級を持っている。英語で議論するくらいは簡単だ」と大見得をきった手前、いまさら「英語屋など務まりません」とも言いにくい。まして、もう名誉会長本人の面接も受けてしまった。引っ込みがつかない。

別の不安もあった。私を直接スカウトした当の人事部から、「あらかじめ断っておくが、この仕事をやったからといって、けっしてキミのキャリアとしては加算されない。不利な扱いを受けることもないが、将来の昇進にプラスになることもない」などと言われたのだ。のっけからそのようなことを言われると、さすがに「やれやれ、プラスにならないのならやめてしまおうかな」などと考えなくもなかった。

当時の井深さんの最大の関心事は、会社の本業であるエレクトロニクスからすでに離れて、幼児教育や東洋医学などが中心だった。井深さんの英語屋となる私も必然的にそれを勉強しなければならない。2年という限定された期間とはいえ、その後は会社の本業に復帰できるのだろうか。それも大きな不安だった。

だが、若さというのは恐ろしいものだ（と振り返って言うほど歳をとったわけでもないが）。逡巡《しゅんじゅん》したのもつかの間、「このような仕事をやってみるチャンスは二度と来ない」という気持ちと好奇心が不安感に優った。これはもうやるしかない。引き返すわけにはいかない。

結局、後者の不安は杞憂《きゆう》に終わった。4年半にわたってこの英語屋の仕事を続けたが、もともとエレクトロニクスに興味があった私は、その後も海外営業の仕事に何の苦もなく復帰することができた。「社員としてのキャリアとしてプラスにはならない」という点も、ソニーを辞めてしまった今ではもう関係ないことだ。

だが、前者の不安――「自分に英語屋が務まるのか」という懸念は、かなり当たってしまった。名誉会長の通訳を務めるには、実際のところかなり力不足だったのである。

これとは別に、心苦しいこともあった。私は上司を通さずに、人事部からいわば「一本釣り」された形でスカウトされてしまった。人事部のほうから「上司にはこちらからきちんと話をしておくから、心配するな」と言われてはいたものの、上司には本当に申し訳がなかった。

当時私の上司だった海外営業本部広告課の柳田課長は、宣伝やイベント活動のエキスパート。ソニーでは、世界各国の販売代理店（distributor）を一堂に会して「コンファレンス（conference）」という国際会議、というよりは一種のお祭りのようなものを毎年やっていたが、柳田課長はその演出や運営の指揮を担当していた。とても仕事のできる人で、今でもその教えが役立っている。

それほど尊敬している上司を、私はいわば裏切ってしまった。この仕事を勝手に引き受けたのは、もしかしたら2年目社員の未熟な判断かもしれない、という考えも心をよぎった。

人事部から電話があったのだろう。ある日、柳田課長が「浦出、ちょっと下（の喫茶店）に来い」と私に言った。

「あ〜あ、どやされても仕方がないな」と思った私は、すっかりしゅんとなって、課長とともに1階にある喫茶店に行った。

「おまえ、井深さんに会ったんだって？」

開口一番、課長はこう言った。私はうなだれて答えた。

「ええ……すみません、黙っていて」

「気に入られちゃったんだろう？　『おじいちゃん』のところで働くんなら、仕方ねえな。がんばれよ」

涙が出てきそうだった。

かくして、私の「英語屋」としての仕事が始まった。

## どうしてボクなんかが……?

その後正式にこの「英語屋」の仕事を拝命した私は、1986年6月に教育開発準備室という職場に異動した。

当時の私の名刺に書いてあった部署名は、「ソニー株式会社教育開発準備室ICグループ」だった。これでは何の仕事をしているところやらさっぱりわからない。そこは、井深さん自らが企画した「リピーター」という外国語学習機器を企画・製造・販売していた部署だった。ICはIntegrated Circuit(集積回路)ではなくて、Ibuka and Childrenの頭文字をとってつけた名前である。

実際の仕事内容をまったく表していない名刺だった。まだ入社2年目の社員に「名誉会長秘書」などという仰々しい名刺を与えると、いい気になってどこかの高級クラブで飲み歩きでもしないかと心配されたのかもしれない。

同期の社員から「おまえ、いったい何の仕事をやっているんだ?」と聞かれると、よく説明に窮したものだった。「見ればわかるだろう。『教育』の『開発』を『準備』しているところだよ」などとぶっきらぼうに答えたこともあった。これではまるで閑職か何かみたいだ。営業の第一線でバリバリと活躍している同期の仲間が急にうらやましくなった。

実際、異動した直後の数日間はヒマだった。何もすることがない。それまで目まぐるしいほど忙しい日々をおくっていた私は、何だか拍子抜けしてしまった。

当時のソニーは、たとえ新入社員であっても現場でどんどん働かせていた。格好をつけた言い方をすればＯＪＴ（On-the-Job Training）だが、とどのつまりは人手が足りなくて、文字通り「ネコの手も借りたい」状態だったのだろう。入社後すぐに海外事業本部の物流部門に配属された私は、右も左もわからない配属初日から出荷用システムの端末をたたき、テレックスの通信文を書かされた。仕事もいくつも兼任だ。まったく人使いの荒い会社だ……と思ったが、そのおかげで仕事の進め方を早く覚えることができた。そもそも「若手にもどんどん仕事を任せてくれる」というのが、この会社の大きな魅力のひとつだった。

そのような忙しい現場の喧噪《けんそう》の中から、役員室の隣にある静かなスタッフ部門に突然配属されたのだから、私の調子が狂ったのも無理はない。

ヒマだった私は考えた。そもそも、この会社はどうしてボクなんかをこの仕事に選んだのだろう。

確かに学生時代に英検１級には合格していた。入社面接のときには、「英語で議論ができるくらいの実力」があると吹聴《ふいちょう》して会社に入った。だが、私には海外での居住経験も留学した経験もまるでなかった。大学では英語のサークルに入っていたが、英語をしゃべらせれば典型的なジャパニーズ・イングリッシュだ。あまり人様の前に出せるものではない。

それに、当時の私は上流社会の礼儀作法などまるで知らなかった（今でもあまり知らないが）。実家は普通のごく平凡な家庭だし、北海道の高校を卒業してから東京に出てきた田舎者だ。このはなやかな東京で、きら星のごとくにＶＩＰが列席している場でうまく振る舞えるのだろうか。ああ、どう考えても適任ではない……。

この仕事に選任された理由を私なりに考えてみたところ、おおまかに言って次の三つではないかと思った。

その１。「男」だったこと。私の仕事のひとつは、井深さんが出張するときに「カバン持ち」としてついていくことだった。いってみれば力仕事だ。それに、おじいちゃんとはいえ（失礼！）「男性」である井深さんに女性がついていくと、いろいろと難しい問題がある。これはけっして怪しげな意味ではない。たとえば、井深さんが万一にも風呂場で倒れるようなことがあった際に、ずかずかと入っていって助け起こすのも私の任務だったのだ。幸いなことに、そういう局面はなかったが……。

その２。まだ若かったこと。つまり、優秀な人であっても、中堅以上の社員を現場の第一線から引き抜くのは難しい。その点、まだ2年目社員の私であれば、2、3年現場から「借用」しても、その後ふたたび現場に返せばそれでいい。それに、たとえ失態を演じたとしても「なにせ若造なので、粗相があってどうも失礼しました」で済んでしまう。若造だからこそ、井深さんだって遠慮しないでこき使うことができるというものだ。

その3。自分で言うのも変だが、人が良かったせいだろう。入社当時、面接担当者から「北海道の人間は人が良すぎるからなあ。企業社会でやっていけるかね」などと言われた私のことだ。「人の良さ」には定評があったのだろう。けっして悪事を働かない人畜無害の人物——いってみれば、スヌーピーの飼い主であるあのチャーリー・ブラウンのような、のんびりした雰囲気の人物が適当だったのだろう。

「なんだ、卓越した英語の実力を買われて起用されたんじゃないのか」と読者諸氏はおっしゃるかもしれない。しかし、そこは何といっても天下に名高い国際企業のソニーだ。私くらいの英語の使い手などいくらでもいる。前任者が異動する時期になったので、たまたまそこらにいた若手社員を引っ張ってきただけ、と考えたほうが正しい。

そんな私でも、会社の創業者の「付き人」という名誉ある任務を引き受けて、少しは鼻高々だった。たとえていうならば、水戸黄門のお供をしていた助さんか格さんのような気分であった。

だが実際の私はどう見ても、「ご隠居、おなかが空きましたねえ」と『水戸黄門』の番組の初めでいつも言っているあの「うっかり八兵衛」といったところだった。通訳をやらせれば下手だったし、カバン持ちとしてもドジばかり踏んでいた。そんな間抜けな私を、井深さんはよく4年半も我慢して使ってくれたものだ。

仕事をやっていくうちに鈍感な私もさすがに気付いたが、実際に井深さんは私の下手な通訳ぶりに相当やきもきしていたらしい。しかし、私は一度通訳できなかった言葉は、必ずそのあとに調べておいて、次回は完璧にやれるように努力を重ねた。それだけは今もなお、誇りをもって振り返ることができる。

驚いたことに、私が調べてきて使った表現を、井深さんが次には自分で使っていたことがよくあった。そう、井深さんは、実は英語が話せるのである。歳をとって新しい単語を調べるのがちょっと面倒になってきたので、私のような英語屋を「辞書代わり」にそばに置いていたにすぎない。そして、下手な私の通訳ぶりを横目で見ながら、私と一緒に語彙《ごい》を増やすことを楽しんでいたのだろう。「できない子ほど可愛い」というが、けっして流暢《りゅうちょう》な英語の話し手とはいえない私が工夫しながら何とかやっていたのを、けっこう面白がって見ていたのかもしれない。

# 第2章　英文レターへのこだわり

## 「格調の高い英語」とは？

井深さんの英語屋として初めて私がやった仕事は、英文で手紙を書くことだった。

この仕事をしていた当時、私の事実上の上司だったのは、倉田裕子《くらたひろこ》さん。もう十数年も井深さんの秘書を務めていた大ベテランだ。この人の目から見れば、ようやく3年生になったばかりの私など、ほんのヒヨッコに過ぎない。

初めて英文レターを書く前に、その倉田さんからピシッと言われたことがある。

「井深さんクラスの手紙になると、格調高い英語で書かなければなりません」

格調高い英語？　ウ〜ン、困った。海外営業本部の現場で使っていた商業通信文の世界では、用件のみを簡略に伝えるのが良しとされていた。儀礼的な表現をあれこれと書きすぎると、「くどい」と言われて簡単な表現に書き直されたものである。役員秘書が書くような社交的な手紙は、これとはどう違うのだろうか。

なにしろ最初はヒマだったので、勉強する時間だけはずいぶんあった。私は、過去の英文レターのファイルを倉田さんから借りて、片っ端から目を通してみた。

ファイルを見ると、あるわ、あるわ。手紙の宛先は、世界に名だたる大企業の会長から、外国の大使、はては国王や王族に至るまで。ソニーのトップなのだから、そのようなクラスの人々と付き合いがあるのは当然だろうが、営業本部という「現場」の世界からひょこっとここに配属された私には、目を見張るものがあった。

しかしファイルを読んでいくうちに、「格調の高い英語による手紙」というのは、そこで使われる表現もさることながら、それよりもむしろ内容の問題だということに気付いた。ファイルに残っていた手紙の文章は、たいへん丁寧でありながら、しかもよく心がこもったすてきなものばかりだった。たとえば礼状の場合、ただ単に「ありがとう」というお礼の言葉だけでなく、その相手が自分に何をしてくれて、自分がどれほどうれしかったかがきちんと書いてある。

日本人はとかく会話が下手だ、などと言う向きもあるが、会話だけでなくて文章によるコミュニケーション能力も、平均的には欧米人のほうが優れているのではないだろうか。これは何も英語に限ったことではない。私自身、国語の時間に手紙の書き方などを練習した記憶があまりないし、いざ井深さんの手紙を書こうとしても、どういう要素を入れるべきか、なかなか思い浮かばないこともよくあった。

手紙など長々と書かないで簡潔なほうが良いという考え方も、一面では正しい。しかし、それはけっして、手紙に盛り込むべき要素を省いてもよいということではない。もちろん、「5W1H」だとか「起承転結」といった原則に従うといった点も大切である。しかし、効果的なコミュニケーションにとって最も大切なことは、相手に対する感謝の念や思いやりの心が十分に表れていることだと思う。

後年、井深さんの英語屋の仕事を終えて異動するときに挨拶状を出したが、このときは一介のヒラ社員に過ぎない私ごときに対して、井深さんの海外の知己の方からずいぶん丁寧なお返事をいただいた。

参考までに、そのとき個人的にいただいた手紙のうち、たまたま手元に残っていたものから一部を抜粋して本章の最後に掲げておく。内容のある「格調の高い英語」で書いた手紙とはどのようなものか、この例からお察しいただければ幸いである。

### 手紙には必ず目を通していた井深さん

英語屋をしていた私の席の近くには、ケネディさんという実に頼もしいニューヨーカーのおじさんが座っていた。ケネディさんには英語の表現や文法的な誤りももちろん直されたが、手紙の内容まで踏み込んで、きちんと推敲《すいこう》してもらえたのがありがたかった。

文章の流れを損なうような冗長《じょうちょう》な決まり文句は、ずばずばと切って落とされた。もっぱら「受験英語」を学んできた私は、Needless to say,（言うまでもないことだが……）などという「試験によく出る英熟語」を使うクセからなかなか抜け切れなかった。しかし、そんな英文をケネディさんに見せようものなら、「『言わなくてもいい』のなら、書くこともないんじゃない？　コレ、イラナイ」と言われては、線を引いて消されたものである。これは大いに勉強になった。

ちょっと困ったことに、米国で編集者としての経歴もあるケネディさんのアドバイスを受けてあまりにも単刀直入な言い方に変えてしまうと、井深さんの目には逆にぶっきらぼうな印象を与えてしまうことがあった。そのあたりは倉田さんからも、井深さんがお好きな言い回しがある、あまりアメリカ流に切ってしまってもよろしくない、などといった指摘をよく頂戴した。

もう一人、別のアメリカ人女性社員にも英文を見てもらったことがあったが、ロサンゼルス出身の彼女の英語のスタイルがまた違っていた。実際、彼女が直したものをたまたまケネディさんに見せたら、その原稿がさらに真っ赤になるまで書き直されたことがあった。「ネイティブスピーカーの英語といっても、人によって違うんだな……」と思いながら、これらのアドバイザーたちの間を右往左往していた私であった。

企業のトップだから、儀礼的な手紙などは中身もろくに読まないでサインだけするんだろうな、という当初の私の予想に反して、井深さんは、私が書いた手紙の草稿にはほとんどすべて目を通していた。そして、2回に1回くらいは「こういうことも入れて欲しい」とか、「こういう表現にしたい」といった指示があった。

それだけに、手紙の内容には手が抜けなかった。どういうことを書いたら良いか、そこは経験の豊かな倉田さんから指示を仰ぎながら、「こういうことを言いたいのだろうな」と推測しながら書き上げていった。

創業者世代のソニーのトップは、細かいことにけっこうこだわった。大企業の経営者のことだから、些細《ささい》なことはすべて「よきにはからえ」かと思っていたら大間違い。相手への心遣いなど、小さなことほど逆に大切にする。いかにも自らの手で会社を設立して今日の規模まで築き上げてきた創業者らしい。

**英文レターの要諦《ようてい》**

それではここで、英文レターを作成する際のコツについて少々開陳することにしよう。

当時の私のノートには次の3箇条が書いてある。平明なビジネスレターであろうと、役員クラスの重厚な手紙であろうと、このような基本原則は変わらない。

1．なるべくＹｏｕを主語として書く。

やたらとI……（私は～）で始まる文ばかりが続くと、いかにも自己中心的な印象を与えやすい。たとえば、I will send it to you very soon.（それをすぐにお送りします）のようにIを主語とした文をやたらと繰り返すよりも、You will receive it very soon.のようにYouを主語とした文を適宜、織り交ぜたほうがいい。

2．できるだけ肯定的な表現を使う。

否定語が続くと、読み手をイヤな気分にしてしまいがちである。たとえば、次のふたつの文のうち、どちらのほうが感じが良いか考えてみるといいだろう。

Please send us your payment promptly, or we cannot ship the product to you.

（代金をすぐにお送りくださらなければ、製品を出荷することができません）

Please send us your payment promptly so that we can ship the product to you.

（製品を出荷できますように、代金をすぐにお送りください）

否定語を用いた前者は、何やら「カネを出さないとモノは渡さないぞ」といった脅迫めいた印象を与える。後者のほうが好感をもたれやすいのは明らかだろう。

3．言いたいポイントを明瞭に、結論から先に書く。

結論として相手に何を言いたい（またはしてもらいたい、尋ねたい）かを明確にして書くこと。

後年、後輩が書いた英文レターの添削を頼まれることがときどきあった。たまに見かけたのは、たとえば「出荷が遅れた」とお客様に連絡するレターに、その言い訳ばかり書いてあって「どれくらい遅れて、いつごろ出荷できる」という肝心なことが書かれていない手紙。たとえばこういった手合いだ。

「平素はたいへんお世話になっており、まことにありがとうございます。さて先日ご注文をいただいた○○については、外注先の△△より調達している部品の一部に不備がありましたために……（以下、言い訳が延々と続く）。昨日の会議でこの問題について事業部の△△部長、××課長と話し合った結果……（以下、相手にとってはどうでもよい会議の議事録が延々と続き、そして最後にようやく）現在、製品の出荷を見合わせております……」

ここには、肝心の出荷再開の見通しなどについてはいっさい触れていない。さらにひどい場合は、自分のミスであっても詫びの言葉ひとつさえ書いていなかったりする。

この場合、相手がいちばん知りたいのは、問題の製品をいつ出荷してもらえるかである。それがわからない場合でも、「再開の見通しが立ち次第、連絡を差し上げる」といったことくらいは書いておくべきだ。にもかかわらず、こちら側の社内事情だけ延々と書いている。書き手としては相手を煙《けむ》に巻こうとしているのかもしれないが、これでは「あの会社は仕事ができない」という印象を与えるばかりである。

特に英文レターでは、結論から先に書くのが良いとされる。前記の例では、出荷が遅れていることをまず伝えて、出荷再開の日程がわかり次第、追って連絡を差し上げる、という結論の部分を冒頭に持ってこなければならない。言い訳はそのあとでよい。日本語の手紙では常套句《じようとうく》となっている「平素はたいへんお世話に……」は、このようなビジネスレターの場合はまったく不要である。

結論を先に言わずに「枕詞《まくらことば》」を並べるという日本的コミュニケーションが染みついているのか、前記に掲げた悪い例のような手紙を海外に出す人は、ベテラン社員の中にも存外多い。しかし、たとえ英語で書かれた手紙であっても、これでは効果的なコミュニケーションは期待できない。

**レターヘッドは会社の「顔」**

私が英語屋を務め始めたころ、ワープロが少しずつ各職場に配備され始めていた。ワープロなら、あとで直しが入っても、その部分だけ訂正してまたプリントアウトすればいい。タイプライターしかなかった時代は、秘書稼業もけっこうたいへんだったかもしれない。

それなら、手紙の草稿に修正が入っても、ワープロでさっと手直ししてそこらにある用箋《ようせん》を使ってプリントすれば、仕事はあっという間にそれでおしまい……と思ったら、そう簡単にはいかなかった。

手紙の最終稿は、名誉会長専用の高級な厚地のレターヘッド（letterhead 会社のロゴ入り用箋）に、やはり格調の高さをうかがわせるエグゼクティブ（Executive）というフォント（font 書体）を使ってタイプすることになっていた。そのレターヘッドにはＳＯＮＹという4文字のロゴとMasaru Ibukaという名前が浮き出るように印刷されていて、透かし入りの高級な紙が使われていた。紙も印刷もオリジナルで発注したものである。

残念ながら、当時私の職場で使っていたワープロにはクーリエ（Courier）など数種類のフォントしかなかったので、手紙の最終稿は、役員室の女性秘書が井深さん専用のタイプライターを使ってタイプし直してくれた。誤字や脱字がないかどうかを私が再度チェックしてから、井深さんのサインをもらう。サインをする万年筆もいつも決まっていた。これを使うと、太くて力強い線がなめらかに書けるらしい。こうしてようやく名誉会長のレターができあがった。「企業のトップならではの格式へのこだわりがそこには感じられた。

「レターヘッドのような形式的なことなんか、どうでもいいんじゃないの？」などと思われる方もいるかもしれない。しかし、きちんとしたレターヘッドさえ使わずに、いい加減な内容のビジネスレターを送ってこられたとしたら、なかなかその相手をすぐに信用する気にはなれないものである。手紙の文章も形式も、すべてその会社の顔、すなわち信用を表すものである。

ところで、郵送やファックスに頼っていた当時とは違って、今日のビジネス社会では、電子メールが書き言葉によるコミュニケーションの主流を占めるようになった。今では自宅で仕事をしている私も、外界との通信の大半は電子メールに頼っている。パソコンやワープロもあれから大きく進化したし、企業の役員室における仕事の進め方も、さぞ大きく様変わりしていることだろう。

電子メールの場合、電話ほど話は早くないが、郵便よりははるかに速く相手の手元に着く。だいたいはその日のうちに相手と2、3度のやりとりができる。自分の都合の良いときに受け取ることができる電子メールを多用すれば、かつてのように電話が頻繁にかかってきては仕事の邪魔をされるということもなくなる。このような特長を持つ電子メールだけに、それに使う文章のスタイルもかなり簡素なものでよい、とされているようである。

近年のインターネットの普及に伴って、私も見知らぬ人から電子メールをもらったり、さらにそこから新しい取引先や友人ができたりすることが多くなった。しかし、このように便利なネットワーク社会の通信手段にも、閉口してしまうことがたまにある。

手紙に使う「レターヘッド」にあたる「署名」が抜けている電子メールがけっこう多いのである。もちろん、「署名」といっても自筆のサインのことを言っているのではない。

レターヘッドには通常、会社のロゴのほかに、オフィスの住所、電話番号やファックス番号などが印刷されている。これに発信人の部署名と氏名をタイプしておけば、手紙の受け手はそれを見るだけで誰から来たものかすぐにわかるし、返事を出す際にもそれを参照すればよい。初めて手紙を出す相手にも「この会社はきちんと存在する会社なんだな」と信用してもらいやすいし、さらにデザインが良ければ、相手に与える第一印象もそれだけ良くなる。

しかし、電子メールの中には、ビジネスに欠かせないこういった要素が完全に抜けているものが散見される。もちろん、電子メールの場合は相手のアドレスが自動的にわかるから、返事を出そうと思えば出せる。しかし、どこの誰とも知らない人からビジネスを打診するメールが来て、そこに発信人の姓名も会社名も部署名も電話番号も書いていなかったら、私ならちょっと返事を出す気にはなれない。

普通の人が手紙を出すときに、会社の役員クラスが使うような氏名入りの専用箋を使う必要はない。電子メールがこれほど普及した今日では、紙にプリントしたもので用件を伝える必要性自体も少なくなっている。だが、たとえ電子メールであっても、前記のような必須事項を盛り込んだ「署名」を作っておいて、特に初めてコンタクトする相手に対してはメールの最後にそれをつけるということくらいは、最低限のビジネスマナーとして心得たいものである。

## 英文レターを上手に書きたい人のために

本書は「ノウハウ本」ではないので、具体的な書き方についてこれ以上、枝葉末節に触れるのはやめておく。その代わりに手ごろな参考書を1冊推薦しておこう。

私が井深さんの英語屋の仕事をしていた当時に刊行された『最新ビジネス英文手紙辞典』(フランシス・J・クディラ著、朝日出版社)がそれである。この参考書は、単なる手紙の表現集にとどまらず、「どういうことを書けば良いか」まで豊富な実例を交えながら踏み込んで懇切丁寧に説明してある。それ以来、いろいろな出版社から良い本も出ているようだが、私はずっとこの1冊を愛用している。

最後にひとこと。たかが「手紙」とあなどるなかれ。それによって自分の第一印象が決まり、品性から人柄まで推し量られてしまうことさえあるのだから。

離任に際して井深さんの知己の方からいただいた手紙（抜粋）

Dear Mr. Urade:

Thank you for your kind letter, which I read with mixed feelings.

On the one hand it gives me great pleasure to congratulate you on your new appointment.*1) On the other hand, it makes me sad that I will not have the pleasure of meeting you in association with my old friend Mr. Masaru Ibuka.

I am grateful for the introduction to your successor and look forward very much to meeting him in the near future.*2)

However, it is my hope that we will not lose touch with you entirely and that from time to time we may meet, either in Tokyo or here in ________. Indeed, if you ever find yourself in the United States, we would be delighted to welcome you to our campus as our honored guest.*3)

Please do not hesitate to let me know if ever I can be of service to you in any way at all.*4)

With warmest good wishes for your continued success in your new position,

(Signature)

〈著者訳〉


ご親切なお手紙をありがとうございました。ただ私は、いただいたそのお手紙を多少、複雑な思いで読みました。

新しい任務に就かれたことにつきましては、心よりお慶び申し上げます。しかし、わが旧友である井深さんとのこれからのお付き合いに際して、貴方にもうお会いできないのは、とても残念に思います。

後任の方をご紹介いただき、ありがとうございます。その方とも近くお目にかかれるのを楽しみにしています。

しかしながら、これで貴方とのお付き合いが完全に途絶えてしまうのではなく、時には東京、または当地でお目にかかりたいものですね。米国においでになることがありましたら、本校の名誉ある賓客として歓迎致します。

何でもけっこうですから、もし私のほうでお役に立てることがありましたら、どうぞお気兼ねなくお知らせください。

新しいお仕事での一層のご活躍を心よりお祈り申し上げつつ。


（署名）

〈著者解説〉

*1)感じの良い英文レターを書く表現上のコツのひとつは、pleasure（喜び）、pleased（喜んで）、delighted（うれしい）のように、心地良さを表す言葉を随所に用いることだ。反対に、surprised とか shocked のような言葉は、不快の表現と受け取られることがあるので、よほどの状況でない限り、なるべく使わないようにする。

*2)私が後任のアシスタントを紹介したことについて、きちんと礼を述べている。このように、「何に対して感謝しているか」を具体的に書くのがポイント。

*3)（井深さんの英語屋としてではなく）あなたをいつでも歓迎しますよ、という温かい言葉をかけてもらえると（それが一種の社交辞令であるとは知りつつも）、手紙を読んでいた私としては、やはりうれしかった。もっとも、この方にはその後、すっかりご無沙汰してしまっているが……。

*4)「何かお役に立てることがあったら、どうぞお気軽にご連絡ください」というこの部分は、日本語の手紙にも通用する締めの言葉だろう。文面の至るところに「相手に対する思いやり」があふれている。

# 第3章　悪戦苦闘の駆け出し通訳

## 通訳としての基礎体力

レターの草稿書きや翻訳の仕事は、まあ何とかこなせた。井深さん付きの英語屋の仕事をやっていた当時は、時間的な余裕が十分にあった（つまりヒマだった）ので、わからないことがあれば、そのつど会社の図書室や役員室の資料庫に出向いて、過去の書類のファイルや辞典などでじっくりと調べれば良かった。

幸いなことに、私には受験勉強で培《つちか》った豊富な語彙《ごい》の蓄積があった。隣に座っていたケネディさんから、「ウラデさん、この単語のスペルは？」と聞かれるといつも即座に答え、Urade-san, my spelling checker（私のスペルチェッカー）というありがたい称号まで奉《たてまつ》られたくらいである。

世間には「受験英語は役に立たない」などとしたり顔で決めつけてしまう人もいるようだが、私はあながちそうとも思わない。このように言うのは失礼かもしれないが、そのようなことをおっしゃる方は、本当に「受験英語」を一生懸命に勉強したのだろうか、などとつい疑問に思ってしまう。

私はお世辞にも流暢《りゅうちょう》なイングリッシュ・スピーカーとはいえないが、会社員時代に仕事で接したアメリカ人の方から「米国で勉強したことがないというが、実に語彙が豊富で的確な言葉を使えるし、文法的に正確な英語を話す」と何度かほめられたことがある。まあ、これは一種の「社交辞令」だとしても、「受験英語」で基礎を培った私に、ある程度まで英語でコミュニケーションすることができる能力が備わった事実は否定できない。

中学校に入ったばかりのころ、両親から勧められるままに見ていたテレビの英会話番組や、英語検定の3、4級に挑戦するために数週間、ほとんどぶっ通しで英語の勉強に没頭した経験が、私を「英語好き」にしてくれた。おかげで高校時代は、この科目が貴重な得点源になった。また、1年浪人したために入ることになった東京の某予備校で受けた英語の授業には、刮目《かつもく》すべきものがあった。ある意味では、そこで初めて英語の正しい読み方を身につけた、といってもいいだろう。

大学では政治学を専攻したが、得意な英語をコミュニケーションの手段として養う機会はいろいろとあった。卒業単位となる科目では、「政治学英書研究」や「新聞英語」という科目があったし、それ以外に随意科目として英会話の授業を取った。ここでは「受験英語」で身につけた基礎の上に、語彙を増やしたり、英語の文章を論理的に読んでいく力がついたと思う。

大学在学中の経験の中でも、後年の通訳の仕事に特に役立ったのは、日常英語研究会（LEI）というサークルで時事問題などをテーマにしたディスカッション（discussion）に取り組んだ経験である。この「ディスカッション」というのは、あらかじめアジェンダ（agenda 議題）を決めておいて、他の大学の英語サークルと英語で行う討論会だ。本番の2週間くらい前から、参考文献などを読んで、アジェンダに関係のある専門用語を頭の中に仕入れておき、「プリパレ（preparation の略）」と私たちが呼んでいた練習の討論会で話し合いながら、自分なりの意見をまとめておく。アジェンダとしては、「日本の英語教育」とか「日本の防衛問題」といった比較的「硬い」話題が選ばれていた。

大学に入るまでは英語で話す機会などあまりなかった私だったが、このサークル活動などを通して、英語によって他人の思想や情報を理解し、それに対して自分の考えを伝達する能力がいくらかは身についた。

ところが、いざ実践で通訳をやってみると、これがからっきしダメだった。特に異動してきた当初は、ほとんど「お手上げ」同然の状態が続いた。

実はその前年、会社が費用を負担してくれるというので、私はあの名高いサイマルアカデミーの夜間の通訳者養成コース（基礎科）を毎週2回ずつ、1年間受講していた。その当時は、どうして通訳の勉強などさせるのかと不思議に思っていたが、結局こういう任務につけるのが目的だったらしい。そのおかげで、同時通訳者としてサミット（主要国首脳会議）などで活躍していた村松増美《むらまつますみ》先生の薫陶《くんとう》を受けることができたが、その村松先生の面接を受けたとき、こう言われたことをよく覚えている。

先生「キミは……海外在住や留学の経験がないんだよね。うん、日本語はすごく良い言葉を選んで通訳しているねえ」

ボク「……（でも英語は下手だ、ということかなあ）」

先生「英語圏で勉強したことがない日本人のできる通訳としては、これが限界に近いかもしれないね」

ほめられたんだか、けなされたんだか……。それでも、同時通訳の第一人者として有名な村松先生からこのように言われて、当時の私はうれしかった。

しかし、井深さんの通訳を実際にやってみて、私は通訳という仕事の難しさをつくづく思い知らされた。最初の数か月間は、このため非常に落ち込んだ。

どうして自分は通訳としてこれほど通用しないのだろうか。このような任務を引き受けたのは大失敗だった。ああ、早く更迭《こうてつ》してほしい……。どうにもやるせない気分に苛《さいな》まれていた私だったが、いつまでもクヨクヨしていても始まらない。自分なりに原因を分析して対策を講じることにした。

まず、ヒアリングが弱かった。それまでもカセットテープの英語教材や2か国語放送のニュースなどで自分なりに鍛錬していたつもりではいた。だがそこで私が聞いていたのは、米国人の標準的な英語を、日本人向けにわかりやすくはっきりと発音して作った「教材」に過ぎなかった。ところが、井深さんのお客様にはいろいろな人がいる。発音の不明瞭な同世代のお年寄りも多い。もごもごと早口で言われると、もう完全にお手上げだ。何度聞き返してもわからない。

しかも悪いことに、私は右耳の聴力が普通の人の半分くらいしかない。前から健康診断のたびに指摘されていたのだが、「これは聴神経の障害なので治らない」と言われていたので諦《あきら》めていた。何とかならないかと耳鼻科の専門医に改めて相談してみたものの、やはり結果は同じだった。

井深さんはけっこう議論が好きだった。自ら主宰していた幼児教育の団体が発行している月刊誌には「井深対談」なる連載があって、外国人と英語で対談するときは私が通訳をすることになる。そこで行われる井深さんとお客様との会話の内容が、また多岐にわたっていた。井深さんが興味を持っていた幼児教育や東洋医学についてはともかく、対談の相手がコンピュータサイエンスの先生だったり、医学博士だったり、哲学者だったりする。議論が当初の私の予想や思考の枠をはるかに超えて込み入ってくると、話の内容を理解するのもやっとである。

そのうえ、会話の前提がよくわからないことが多い。話している本人同士は、前にいつどこで会って、どのようなことをしたとか、戦後まもなくこんなことがあったなどといった共通の認識に立って話ができるが、つい先日、井深さんの英語屋になったばかりの若造の私には、何のことやらさっぱりわからない。話の前提が省略されていると、そこでこちらの思考回路がぷつっと途切れてしまう。

以上のように原因はいろいろとあったのだが、「だからできません」ではただのグチに終わってしまう。「できません」と言ってみたところで、いまさらどうなるものでもない。私はそれこそ必死の思いで、対策を立てて実行した。

## あの手この手の通訳特訓

まずヒアリング対策。すでに25歳だった私にとっては、もう年齢的にはちょっと遅かったが、通勤途中や外出時には、ありとあらゆる英語のカセットテープをウォークマンで徹底的に聞きまくった。また『TIME』などの英文雑誌や書籍も読み漁って、とにかく自分の英語による「思考の枠」を広げることに努めた。

しかし肝心なことは、井深さんが興味を持っている話にどう対応するかである。そこで私は、井深さん自身が雑誌や本に書いたものや井深さんが読んでいるのと同じ本を読んでは、「これは英語でどのように表現すればよいか」ということを考え、時間や機会をとらえてはそれを英語に訳してみた。さらに、マンツーマンで指導している英会話学校でなるべく安いところを探して、そのネイティブスピーカーの教員に事情を説明し、「会話の題材はそのつどこちらで用意するので、幼児教育や東洋医学をテーマにしたディスカッションをしたい。ヒアリングやスピーキング上の問題点があったら指摘してほしい」と頼んだ。

幸いなことに、私を担当した理系の米国人留学生は、知的レベルの高い聡明《そうめい》な青年で、こちらの状況をよく飲み込んで熱心に指導してくれた。

このとき私が用意したのは、井深さんの持論を自分で英訳しておいたものである。これをネイティブスピーカーの教員に読ませ、それについて私と質疑応答をする。相手がどのような点を疑問に思い、どのような質問をしてくるのかを予見できるようにするとともに、井深さんの思想を端的でわかりやすい英語表現で話せるように練習を重ねた。

このようにレッスンで使う話題と方法を「井深さんの通訳ができるようにする」という自らの目的に合わせて絞り込み、マンツーマンでこの「特訓」を数か月間続けた。その結果、それに関連する語彙や表現も徐々に蓄積されてきたし、井深さんや相手がどのような内容で話をするかもだいたい予測がついてきた。

ヒアリングは相変わらず弱点だったが、幸いなことに、私の任務はいわゆる逐次通訳《ちくじ》（consecutive interpreting）であって、通訳用のブースに入ってヘッドホンをかけながらやる同時通訳（simultaneous interpreting）ではなかった。つまり、私がその場に同席して、話し手が一段落分くらい発言したあとに通訳する。従って、相手の言っていることがよくわからない場合は、あわてふためくことなく、「ご質問の内容がよくわからなかったのですが……」と堂々と聞き直せばよい。

ただし、話し手には、通訳を通しながらもコミュニケーションの流れが遮断されることなく、会話がスムーズに進んでいるという印象を与える必要がある。

たとえば、少なくとも通訳をやっている最中は、ただ"I beg your pardon?"（もう一度おっしゃってください）などといって相手に聞き返すのは、あまり具合がよくない。つまりこういう聞き方をすると、話し手は単に通訳が聞き取れなかっただけだと思って、また同じ話を最初から全部繰り返すかもしれない。しかし、それではまた同じところが聞き取れないおそれがある。話し手もまどろっこしく感じるだろうし、通訳も遅々として進まず、形にならない。

そこで、話の内容によくわからなかったところがあったら、そのわからない点だけを「絞り込んで」いくように会話を誘導していく。たとえば通訳する話にポイントが三つあって最後のひとつだけがよくわからなかった場合は、まず最初のふたつだけを通訳しておいてから、話し手のほうをちょっと向いて"I'm a little hazy about the third point. . . You mean

——, am I right?"（第3のポイントがちょっとよくわからなかったのですが、おっしゃっているのは〜ということですね？）などと小声で言って、わからなかったポイントをできる限り具体的に質問する。こうすれば、たとえ少しずつであっても会話が進んでいる感じがするし、聞き手もいらいらしない。

ついでにここで、英語を上達させたい読者諸氏に、このような私の経験からひとことアドバイス。

本当に英語でコミュニケーションする能力を身につけたかったら、何よりもまず「自分の話したいこと（話す必要があること）」に限って教材を選び、それを集中的に練習することだ。自分にとっては興味もなければ必要性もない「総花的」な英会話教材を使ったとしても焦点がぼけてしまうだけで、頭の中には結局、何にも残らない。英語によるコミュニケーション能力を習得したい人が学ぶべきことは、学問や教養としての英語（学）ではなくて、「自分の言いたいことを英語でどう伝えるか」という方法であり、技術なのである。

私の友人の一人がかつて「英語をやりたくて大学の英文科に入学したが、さっぱり役に立たないことばかり教えられた」とこぼしていた。それもそのはずで、その学科では、英語は英語でもシェークスピアなどの「英文学」を教えているのである。彼が学びたかったのは、同じ「英語」でも、ビジネスなどで使えるものだったのだろう。

ところで、毎日少しずつ勉強するというやり方は、見た目には勤勉そうな学習方法に見えるが、こと外国語の学習に関する限り、あまり効果は期待できない。一生のうち数か月でも、それが無理なら数週間でも、朝から晩までその外国語に無心にかじりつくような期間がなければ、外国語を上達させる決定的な機会をつかむのは、はっきり言って難しい。

これは自衛官をやっていた父から聞いた話だが、米軍でも日本の自衛隊でも、近隣諸国の外国語ができる要員を育成するために、独自に設けた専門の学校に数か月間、生徒をカンヅメにして特訓させているそうだ。この方法で、その外国語にはずぶの素人だった人でもかなり上達するらしい。留学をしたこともなければ、日ごろから英語ばかり使う職業にもついていない人がこのような機会を作るのは難しいかもしれない。しかしその気さえあれば、たとえば週末の2日間だけでも集中して勉強すれば、それなりの成果はあがるだろう。

## 予習が肝心

通訳の前には相手についての「予習」もよくやった。来訪する相手のことは、会社の図書室にあった紳士録（Who's Who）などで、相手の経歴や肩書などをあらかじめ調べておく。相手に著書がある場合は、その本を探してきてはひたすら読みまくった。こうすることによって、その相手が自分のことや自分の関心事に言及しても、通訳にあたるこちらも「ははあ、あれのことだな」とピンときて、落ち着いて対処することができる。

通訳する際にキーワードになりそうな言葉は、当時私が「マジックノート」と呼んでいた手帳に書きつけておいた。この手帳は、背広のポケットに入るくらい小さなルーズリーフ式のもので、これに当時の井深さんが関わっていた団体や役職の名称、井深さんの略歴や主著、会社の略史、井深さんが関心を持っていた幼児教育や東洋医学の専門用語などを項目ごとに日英両語対照で書き連ねておいた。通訳する予定がある来客についても、同様のキーワード集を作っておいた。

この手帳を私はつねに持ち歩いて、通勤中の電車などで通訳の予習や復習に（またときには通訳中のカンニングペーパーとして）活用していた。具体的にどういう言葉が出てきたかという話は、第2部以降に譲る。

ただし、これは私のオリジナルな方法ではない。サイマルアカデミーに通っているときに習ったことだが、プロの通訳なら似たような準備を怠りなくやっているそうだ。

私が井深さんの通訳をやっていた当時は、会社の資料室や図書館などで調べるか、誰か詳しい人に聞くくらいしか方法がなかった。相手に著書があったとしても、もう何年も前に出たものですでに絶版になっている場合もよくあった。そんなときは、あちらこちらの大手書店に電話をかけて、在庫がないかどうか必死になって探し回ったものだ。

インターネットが普及した今日なら、たとえ紳士録に出ていなかったり著書がない人が相手でも、たとえばその人に関連するホームページがあるならそれを見ておくだけで、経歴や関心事といった相手の背景も簡単に調べられる。無名な私も最近、プロの産業翻訳者として業界誌などからインタビューを受けることがあるが、用意周到なプロのライターの方などは、私が開設しているウェブサイトにあらかじめざっと目を通してきて、実に効率よくインタビューをしてくださる。このごろは便利な世の中になったものだ。

これは余談だが、私が好んで読む数少ない（？）漫画のひとつに、『ゴルゴ13』シリーズ（さいとう・たかを著、小学館）がある。同好の士ならご存じだろうが、そのストーリーの中によく出てくるのが次のような場面だ。物語の主人公・ゴルゴ13に会った殺人の依頼者が、依頼の背景を説明しようとする。そのとき、超天才的な殺し屋である主人公は、その依頼人の言葉をさえぎって、相手のビジネスの内容から市場動向まですらすらとそらんじて見せるのだ。

「さすがはゴルゴ13！　すでにそこまで調べてあるとは……」と舌を巻く依頼人……。

（もっとも見方を変えると、ただ知識をひけらかしているイヤな奴に見えなくもない）

この漫画ではおなじみのこのシーン、何気なく読み飛ばしてしまう人もいるかもしれない。しかしこれは、「プロ」なら仕事に着手する前に周到な調査をしておくものだ、という実に教訓的な場面なのだ。

話が少しそれた。通訳のことに戻そう。

「戦後まもなくこういうことがあった」という古い話に対応するための準備としては、会社の創立40周年記念に社内で配布された社史本を熟読した。幸いなことに、私は歴史物が好きだし、ソニー創業当時の苦労話はなかなか面白い。「初めてテープレコーダーを作ったころはテープの材料がなくて、鉄粉を刷毛《はけ》で紙のテープに塗り付けたものだ」といったエピソードは、ソニーの歴史を取材しにやって来た記者などには大いに受ける。この類《たぐい》のストーリーも、あらかじめ英語に訳しておいて、いざ通訳する際には上手に語れるようにしておいた。

通訳している会話の途中で案外ひっかかるのが数字や年号だ。

たとえば、井深さん自身が話の最中に、「ええと、あれは何年のことだったかなあ」と言って話をぱたっと止めてしまうことがあった。そのような場合も、前述した私の「マジックノート」が威力を発揮した。略年表のページをさっと開いて、井深さんに小声で「何年です」と言いながら、返す刀で英語に訳す。

桁《けた》数の大きな数字などは、うっかりすると日本語でも言い間違える。そこで、井深さんがよく使うような数字はすぐに英語で言い換えられるようにしておいた。

位取りにも工夫の仕方がある。553億6千万という数字を英語で言いたいとき、fifty-five billion, three hundred-sixty million と言ってもけっして間違いではない。しかし、通訳の最中などにこのような言い方をするのは冗長《じょうちょう》すぎる。英語を使い慣れている人ならご存じだが、こういう場合はbillion（十億）を単位として、55・36（fifty-five point three six）billionと言うほうが簡潔になる。万、億……と位があがっていく日本語を、thousand（千）、million（百万）、billion（十億）の単位であがっていく英語に変換するのはたいへんそうに見えるが、慣れてくると反射的に正しく変換できるようになる。

そのほかにも、通訳している最中には、通貨単位を円からドルに換算したり、昭和△年を西暦19××年に換算したりというワザを瞬時にやってのけないといけないが、これも同様に、主だった換算式を手帳に書いておくなり暗記しておくとよい。

そうこう工夫をしていくうちに、慣れも手伝ったのか、曲がりなりにも通訳の仕事を何とかこなせるようになってきた。要は「習うより慣れろ」だったのかもしれない。

## 通訳を使う側のコツ

ここで、通訳としての私の経験から、通訳を上手に使うコツをふたつみっつ書いておこう。

話し手は、ゆっくりと、わかりやすい言葉で話してほしい。意味不明瞭な言葉を延々と繰り返す人がいるが、こういうのは論外。

それから、話を区切る単位について。通訳を使い慣れている人なら心得ているものだが、たてつづけに5、6分も話してから「さあ通訳してください」と言うと、通訳をするほうはたいへんだ。いくらメモをとっているといっても、通訳のメモはたいてい、速記に近いものに過ぎない。かつての私のように不慣れな通訳の場合は特に、少し時間が経つともう自分でも何を書いたのか忘れてしまう。

逆に、文をひとつ話すたびに「さあ、今言ったことを通訳してください」と言われても困ってしまう。話し手の言わんとしているところがほとんど見えないまま、バラバラな言葉だけを通訳するのは無理だ。理想的には、一段落（文にして2、3から5、6個）くらいまとめて話してから通訳させてもらえるとありがたい。

また先ほども書いたように、良い通訳をするために「予習」は不可欠である。これはプロもアマも同じことだ。「プロなんだから、そんなものはなくてもその場で何とかできるだろう」と誤解している向きもよくあるようだが、それは違う。通訳が予習できるような準備資料や参考資料があれば、それを渡しておくか、その資料の入手先を教えてあげるという配慮をしてもらえると、通訳にあたる側でも怠《おこた》りなく準備ができるし、従って良い仕事ができる。

幸いなことに、私を通訳として使っていた井深さんは、ここに書いたようなことはほとんど全部心得ている人だった。

# 第4章　キーワードは「創造」

## 若造が作る創業者のスピーチ

井深さんの「英語屋」の仕事に就く前は、あのような若輩の身で会社創業者の演説の草稿を書くことになろうとは、想像したことさえなかった。コミュニケーションの技術を正式に勉強したこともなかったので、正直なところ、あまり自信もなかった。

しかし、大学のサークル活動では英語の演説を多少かじったことがあったので、そこで学んだ名文句や修辞法を多少は活かすことができた。

スピーチ原稿を作るには、まず井深さんの言いたいことを伺ってから、全体の構成を考えて草稿を書く。そして、それをケネディさんに推敲《すいこう》してもらいながら、井深さんにも読みやすい英文に修正していく。この方法は、時間こそかなりかかったが、これで知識や経験に乏しい私でも、何とかスピーチ原稿を練り上げていくことができた。

スピーチの善し悪しを決めるのは、一にも二にも話の内容である。何を言いたいのかがはっきりしないスピーチは、聞いていて悲しくなるほどつまらない。残念ながらわが国の政財界人には、この手合いが多いようである。

実は一度、ある人から頼まれて、某代議士の海外でのスピーチを英訳したことがある。スピーチの主題は、当時、日米間で問題になっていた貿易摩擦だったが、その代議士の事務所から最初に送られてきた日本語の草稿は、どこかの統計から引っぱり出してきた数字の羅列で、いったい何を主張したいのやらさっぱりわからない代物だった。これでは使い物にならない。結局、ケネディさんに頼んでもっと内容のある演説原稿を新たに書き起こしてもらい、私がそれを和文に翻訳したものとあわせて送ることにした。

その点、井深さんのスピーチには内容があった。たとえば何かの賞の受賞スピーチでも、ソニーという会社が戦後、廃墟《はいきょ》の東京から出発した生い立ちから、様々な失敗を克服して今日の成功に至ったことや、そこに至るまで貫いてきた企業理念まで、「言いたいこと」が実に豊富である。だからこそ、草稿を起こす私もやりやすかったし、書いている自分自身でも読んで楽しめる内容の原稿ができた。

学生時代に私が教材として使ったのは、米英の政治家の演説原稿である。なかでも、第35代合衆国大統領ジョン・F・ケネディの就任演説（1961年）は、歴代大統領の就任演説の中でも、ことに格調高い名演説として知られる。学生時代の私は、実際の就任演説の録音テープを使って何度も口まねしては、サークルの仲間と競って暗唱したものだった。

その就任演説中の次の一節は、特に有名だ。

My fellow Americans: ask not what your country can do for you, ask what you can do for your country. ——My fellow citizens of the world: ask not what America will do for you, but what together we can do for the freedom of man.

（アメリカ国民諸君、国が自分に何をしてくれるかを問うのではなく、自分が国に何ができるかを問いたまえ。世界中の市民諸君、アメリカが自分たちに何をしてくれるかを問うのではなく、自分たちがともに人類の自由のために何ができるかを問いたまえ。＝著者訳）

米国史上でも最も人気の高かった大統領のこの力強い対句表現は、いまなお私の頭の中に反響してくる。

米国陸軍のダグラス・マッカーサー元帥が引退した１９５１年に連邦議会で打《ぶ》った名演説も、気に入っていた。「老兵は死なず、ただ消え去るのみ（Old soldiers never die; they just fade away.）」という有名な一節をご存じの読者も多いだろう。このフレーズのあとに続く“And like the old soldier of that ballad, I now close my military career and just fade away——an old soldier who tried to do his duty as God gave him the light to see that duty.”（そしてあの歌の老兵のように、私はいま軍歴を閉じて静かに消え去ります。神がその義務を導き示したからこそ、それを果たそうとした一人のこの老兵は……＝著者訳）というくだりは、聴衆の涙を誘わんばかりの名調子である。

実は、井深さんが体調不全で出席できなかった、さる賞の授賞式に代理出席したソニーの役員にスピーチの代読を頼んだとき、その最後の部分にこのマッカーサー元帥のフレーズを借用したことがある。いわく、

「井深さんをこれほどまでに創造的な仕事に導いたものは何でしょうか。名声や富、それとも名誉でしょうか。そうではなく、彼はただ単に、神の指し示した義務に従い、自分の希望と夢を満足させようとしたに過ぎません……」

残念ながら私自身は、このスピーチを直接耳にする機会はなかったが、あとから聞いたところでは、聴衆の受けはかなり良かった由。

何にでも興味を持って勉強しておくと、あとから役に立つことがあるものだ。

### 井深さんのスピーチの「芯」

もちろん、修辞ばかりで話の内容や主張に欠けるスピーチでは印象に残らない。だが、井深さんのスピーチには話の「芯《しん》」となる主張があった。井深さんがソニーの創業者としてスピーチする場合、その原稿にいつも入っていたのは、たとえば次のような主張だった。

「会社の創業以来、絶対に『人のマネをしない』ことを信条としてきた」

「最高の技術を、軍事用ではなくて民生用（consumer）の分野に投入することを企業理念とした」

「日本人は発明（invention）は不得手かもしれないが、技術革新（innovation）には長《た》けている」

そして、これらの井深さんの主張を貫くキーワードが、「創造的（creative）であること」だった。井深さんは、あまり色紙などを書かない人であったが、数少ない機会に書いた色紙には「創造」という2文字があったらしい。

このように、話の「芯」があったからこそ、そこからさらに肉付けをしていくことによって、内容の豊かな良いスピーチができたのだと思う。

若干インフォーマルな雰囲気でのスピーチなら、創業当時の失敗談など、話を多少、面白おかしく聞かせるエピソードを加えた。会社の草創期に作った木製の「電気炊飯器」ではご飯がきちんと炊けなかったとか、「電気ざぶとん」が焦げそうになったとか、ソニーは面白い逸話にも事欠かない会社だった。

話し手の主張、つまり何を言いたいかをはっきりさせ、適当な話題を使って肉付けした上で、聞き手の印象に残るようなレトリックを適宜用いれば、それだけでなかなか良いスピーチに仕上がる。だから、人前で良いスピーチをしたいと思ったら、話し手は自分なりの主張を持つことだ。それなくして「何でもいいから、話す原稿を作ってほしい」と誰かに頼んだところで、けっして良いものは出てこない。

そういう意味で、井深さんという「主張がある人」の英語屋であった私は、良い仕事をさせてもらえた。

### ちょっとしたユーモアを入れること

私がソニーに入社したときの話。入社式の席で挨拶に立った井深さんは開口一番、このように言って新入社員をどっと沸かせた。

「こんなにたくさん入って、大丈夫かなあ……」

また、同じ入社式で盛田昭夫会長（当時）が次のように訓示したこともよく覚えている。この言葉もまた違った形で会場の笑いを誘っていた。

「企業は船のようなものだ。船を沈めるような人間はいらない。そんな人間はさっさと船から降りてくれ」

入社式について私の記憶に残っているのは、両トップのこの言葉だけである。この二人の創業者がいかに傑出した話し上手であったかがよくわかる。

会社のイベントで挨拶をするときなど、いかにもとってつけたようなジョークを言う人がたまにいる。おそらく本か何かの受け売りで、その場の雰囲気にも、またそのときの話題にもまったく関係のない話だったりする。また、通訳を使って挨拶をしているときにつまらない駄洒《だじゃ》落《れ》を言う人がいるが、これは悪質な通訳泣かせである。駄洒落など、解説をつけて通訳したところで面白くも何ともない。このような話し手は、もともと国際的な舞台には向いていない。

その点、井深さんなどは、私が評価するのも僭越《せんえつ》だが、たいしたコミュニケーターであった。話の端々に、ちょっと相手を楽しませるような話題やユーモアを入れる。しかも自分自身が本当に「話したいこと」を話すのだから、けっして無理なところがない。スウェーデンの国王陛下がソニー本社を来訪されたときの井深さんの挨拶が今でも私の心に残っているが、この話はまたあとに譲る（第13章「国王陛下を笑わせろ！」参照）。

話し慣れていない人が、無理に借りてきたような難しいジョークをスピーチに入れる必要はないと私は思う。ただ、軽いユーモアや「ちょっといい話」を話の端々に交えておくといい。

スピーチを作る際に良いヒントとなるのは、落語の構成である。最初に軽く話のマクラを入れておき、軽快なテンポで話を具体的に展開してから、最後に軽いオチをつける。それを心がけるだけで、ずいぶんメリハリが利いた印象的なスピーチができる。

井深さんは、立て板に水を流すような達弁でこそなかったが、その話し方には人柄がよく表れていた。英語でスピーチをする際には、私のほうで用意しておいた草稿の上にさんざん手を入れて「自分の言葉」にしてから使う。だからこそ、その人となりや面白さもにじみ出てくるのだ。人が書いた言葉を棒読みすると、たとえその原稿がどれほどよく書けていても、聞いているほうにはいまひとつ面白く感じられないものである。

一方、使い慣れていない種類のジョークの受け売りは危険だ。特に政治や宗教に関するものは避けたい。相手の思想や背景によっては、笑えないどころか逆に感情を害するおそれもある。アメリカには他の民族を笑い物にしたジョークがよくあるが、これについても同様である。こういうネタを使うのは、その場にいる人や場の雰囲気をよく考えられるだけのアタマがない人には無理だろう。

それでは、どのようなユーモアなら使いやすいか。ポイントを三つほどあげておこう。

1. 自分を笑うユーモア

作家の故・遠藤周作氏は、講演で「皆さんが本を買ってくださるおかげで、子どもに運動靴が買えますすよ」と言って受けをとっていた。その後テレビでも同じことを言っていたので、このジョークは氏の持ちネタだったのだろう。このように自分自身を笑い物にするユーモアなら、他の人を傷つける心配なく使える。

2. 逆転させてみると面白い

1984年の米国大統領選挙の候補者討論会でのこと。高齢のレーガン大統領を揶揄《やゆ》する質問に対して、当の大統領はこのように言ってやり返した。

「私は年齢問題を選挙の争点にするつもりはありません。つまり、政治目的のために、対立候補の若さや経験の乏しさを利用したくありません……」

この巧妙な切り返しに会場は大受け。逆転の面白さを見事に使った話術である。

3．似ているもの同士に感じる親近感と笑い

人間は、何か似ているものに対して親近感をもったり、微笑んだりするようだ。

北野武氏が1997年のベネチア国際映画祭で金獅子賞を受賞したときに、その授賞式の挨拶で「日本とイタリアで今度は一緒に映画を作ってアメリカに攻め込もう」というジョークを使っていた。しかし、「戦争に行こう」というような英語で言ったせいもあって、残念なことに受けはとれなかった。

しかし、このジョークもわかる人にはわかる、と私は思った。かつて自衛官だった私の父が米国に出張に行ったとき、そこで西ドイツ軍（当時）の将校から「いつかアメリカなんかやっつけてやろう」と声をかけられて意気投合したという話を聞いたことがあるが、ついそれを思い出してしまった。どちらも今では米国の同盟国なのに、かつて三国同盟を

組んでともにアメリカに敗れたもの同士という親近感による妙なおかしさがそこにはあった。

ただし、北野氏のあのジョークは、アメリカを含む様々な国々の人が参加している国際舞台で言うには、ちょっと具合の悪い内容だった。他の状況で使えば、もっとうまく受けるネタかもしれない。

しかし北野氏は、さすがにお笑いのプロである。帰国後の記者会見で「金獅子賞のトロフィーを見せてください」と言われると、現地で売っているみやげ物か何かだろう、かなり小さなミニチュアの金獅子像を出して見せて笑いを誘っていた。

ソニーを辞めたあとに、ある会社の方からスピーチ原稿の翻訳を依頼されたことがある。そのときはあまり堅苦しい席での演説でもなかったので、その会社の豊富なエピソードの中から面白そうなものを話の「マクラ」に選んで冒頭に盛り込ませてもらったところ、そのあとで依頼者の方から電話があった。なんでも、その話のマクラに会場は大爆笑、そのあとに続いた演説もなごやかな雰囲気で聞いてもらえたという。なお、そこでどういう話を使ったかについては、フリーランス翻訳者としての私の営業上の秘密ということにさせていただこう。

それほど出来の良い話でなくても、ジョークのひとつでも入れておけば、相手が社交上手なアメリカ人など付き合い良く笑ってくれる。そういう工夫をするだけで、聴衆と話し手の距離はぐっと近づくのだ。こういったことも、井深さんの英語屋という仕事を通して得られたひとつの成果である。

なお、通訳としての豊富な経験と幅広い教養から、村松増美氏が米英の政治家などのユーモアについて面白く解説した本が出ている（『だから英語は面白い〜会話上手はユーモアから』『リーダーたちのユーモア』ともにPHP研究所）。国際舞台でのコミュニケーションにおけるユーモアの役割を知りたい向きにはお勧めの好著である。

### スピーチ原稿を用意する際のちょっとした配慮

蛇足かもしれないが、最後にスピーチのスクリプト（原稿）を用意する際の配慮についていくつか書いておこう。

フォント（書体）は、できる限り大きくて読みやすいものを選んで使う。読み手の好みに合わせておくといいだろう。行間隔はダブルスペース（2行間隔）またはそれ以上に空けておけば、読みやすいばかりでなく、あとから訂正などを書き込むのに便利だ。

大切なポイントとして、原稿をすらすらと読み進められるように、パラグラフ（段落）の途中ではけっしてページを変えないこと。つまり、たとえ2、3行の余白が残っていても、段落が途中で切れるようなら、段落ごと次のページに送ったほうが読みやすい。

このほか、あらかじめ話し手に声を出して原稿を読んでもらった上で、読みにくい単語にカタカナで発音をふったり、息継ぎしたほうがいい箇所には斜線を入れておくと、いざ本番のときに、よどみなくスピーチができる。

なお最近では、わが国の政治家や企業人なども、演説する際に「プロンプター（原稿映写装置）」と呼ばれる装置を使っている姿を見かけるようになった。演台に立っている話者の左右斜め前方に透明なセルロイド板が立っているのをご覧になったことがあるだろうか。あの装置である。聴衆からは見えないが、話し手は、その透明板に投影された原稿を読んでいる。紙に書いた原稿を使う場合、演説に不慣れな人は視線を下方に落としたままになるので、いかにも原稿を棒読みしているような印象を聴衆に与えてしまう。しかし、このプロンプターを使えば、視線を聴衆に向けながら演説することができる。演説に説得力をもたせるためには、こういう装置を使うのもひとつの方法かもしれない。

# 第5章　アメリカへ！

## 初めての海外出張

井深さんの英語屋になってから1年くらいたったころ、私はいよいよ海外出張のお供について行くことになった。目的地はアメリカ。英語屋として活躍すべき場所ではある。

だが私は、ちょっと——というよりも、かなり心配だった。私にはそれまで、海外での生活経験がまったくなかった。海外旅行にしたって、大学の卒業旅行で2週間ほど米国の名所を回っただけ……。

海外への出張は今回が初めて。こんなボクに随員の役が務まるのだろうか。

秘書の倉田さんは、心配顔の私を安心させるようにこう言った。「大丈夫よ……。ソナム（SONAM　ソニー・コーポレーション・オブ・アメリカ、ソニーの米国現地法人）のスタッフは慣れているし、行く先々で駐在員の人たちがきちんと面倒を見てくれるから……浦ちゃんは、カバンを持ってついて回ればいいのよ」

だが血液型がA型の私は、良くも悪くも心配性である。「備えあれば憂いなし」ということわざを呪文のように唱えながら、例によって周到な準備を重ねることにした。

この出張の主な目的は、ロサンゼルスで開催されるIEEE（Institute of Electrical and Electronics Engineers　米国電気電子学会）の表彰式に出席することだった。その席上でソニーが Corporate Innovation Recognition（企業技術革新賞）を受けることになり、井深さんがソニーの創業者として受賞スピーチを行う予定になっていた。井深さん自身、アメリカに行くのは久しぶりだったので、この機会にニューヨーク近郊にあるソナムの本社を訪れたり、その昔アメリカでお世話になった方のお墓参りなどにも行くことになった。

何はともあれ、まずソナムで受け入れにあたるスタッフと相談しながら大ざっぱなスケジュールを組んで、飛行機とホテルの予約を入れなければならない。井深さん夫妻が高齢であることを念頭に入れて、スケジュールはゆったりと組む必要がある。しかし、精力的な井深さんから「この機会にあそこにも行きたい、あの人にも会いたい」という希望が次々と出されたため、結局は約10日間の日程で、ハワイからニューヨーク、シカゴ、サンフランシスコ、ロサンゼルスを回ることになった。もっとも、米国本土では会社所有の小型ジェット機が使えたので、その点ではかなり楽だった。

出発の1か月半以上も前から、ワープロで作った英文の旅程表をソナム側と何度もファックスでやりとりしながら、スケジュールを書き直していった。

倉田さんからもうひとつ作っておくように言われたのが、「迷子札」と呼んでいたメモ。これは、各訪問先や現地で送迎してくれる駐在員のオフィスおよび自宅、ホテル、航空会社などの住所と電話番号を1枚の紙にぎっしりと書き込んだものだ。このコピーを井深さんと夫人に携行していただき、万一はぐれてしまったときにも連絡がとれるようにしておくという算段である。

なにしろ用心深い私は、旅程表と迷子札の2枚を1組にしたコピーを、背広のあちらこちらのポケットに何枚も入れておいた。海外旅行中は、時差ボケのせいもあるのだろうか、捜し物がなかなか見つからない。しかし、いろいろなところに入れておいた予備の旅程表のおかげで、いつでもすぐに次の行動を起こすことができた。

受賞スピーチの原稿も用意しておかなければならない。しかし私はIEEEという団体について、何ひとつ予備知識を持ち合わせていなかった。「アイ・イー・イー・イー」なんて言いにくいなあ、などと思っていたくらいだ(「アイ・トリプル・イー」という言い方があることはあとで知った)。そこで、これも倉田さんから教えてもらって、ソニーの長老格でIEEEとの交渉窓口を務めていた嘱託の島茂雄《しましげお》さん(元ソニー専務、故人)に教えを請いに行った。

この島さんという人は、井深さんよりさらに3つ年上の大先輩。井深さんとは早稲田大学の同窓生という長い付き合いだ。何でも井深さんが学生時代に神戸に住んでいたとき、東京にいた島さんと（戦前の当時は非合法だった）アマチュア無線で知り合い、大学に入学して初めて会ったという伝説が残っている。

そんな島さんの目から見れば、ようやく社会人3年生になったばかりの私などほんのヒヨッコだったが、今から思うとずいぶん可愛がってもらった。私が井深さんのスピーチ原稿をもって伺うと、島さんは、背表紙のとれかかった大判の英和辞典をドンと机の上において「ボクの英語は明治時代の英語だからなあ、キミのとはちょっと違うかもしらんが……」などと言っては、あれこれと教えてもらったものである。

井深さんと島さんとの間を往復しながら内容を練り上げた英文のスピーチ原稿は、例によって隣に座っているケネディさんのチェックを受けて、最終稿に仕上げていった。

## 「出張の下見」

出張のスケジュールを組んでいて、がっかりしたことがあった。井深さん夫妻は時差調整のためにハワイで3泊ほど滞在する予定になっていたが、ヒラ社員の私にはそのようなぜいたくは許されない。私のほうはあとから出発して夫妻とハワイで合流し、なんとその日のうちにニューヨークに向けて飛び立つというスケジュールになってしまった。つまり、2晩続けて機内泊……。

「初めてハワイに行くのに半日しかいられないなんて、ひどいよ～」と思った私は、「出張の下見」と称して休暇をとり、1週間ほどハワイに遊びに行くことにした。実は、小学生のころ戦史に興味を持っていた私は、真珠湾（Pearl Harbor）を一度見ておきたかったのである。

そのハワイでは、遊んで回るつもりだったのに、半分くらいは仕事をする羽目になってしまった。もちろん「下見」として行く以上、現地で井深さんの受け入れにあたるソニーハワイのオフィスにもひとこと挨拶などもしておきたい。それが目的のひとつ。

また当時、私は「リピーター」というカード式の外国語学習機器の企画や営業の仕事も兼務していた。この製品は海外には輸出していなかったが、ハワイに行く直前になって、たまたまSという現地の商人から「日本語の教材は出していないのか？」という問い合わせのテレックスが入っていた。このリピーターについて詳しくは別の章で述べるが（第8章「『井深さん流』英語上達法」参照）、なにしろ井深さん自らの発案になるお気に入りの製品だったから、持っていく以上はソニーハワイのトップにも見せておく必要がある。さらに、「井深さんの昔からの友人で日系人のKさんという人が興味を持っているそうだから、訪ねて見せてきたら……」などという提案を人から受けた私は、結局、わずか5日の滞在中にその商品のサンプルを持って3か所を訪問することになってしまった。

「休暇を取って行くのに、何ともまあ仕事熱心な……」と周囲の人々から冷笑されたが、当時はまだ若手社員だった私は、何しろ仕事に燃えていたのだ。

しかし、男子が一人でハワイに行くのは、はた目には少し妙に映るらしい。飛行機の3席並びのエコノミーシートで私の隣に座ったのはあいにく、というより案の定、新婚さんだった。そのダンナのほうが、ふと私に言った。

「お仕事ですか?」

「……ええ、まあ」と私は淡々と答えたが、内心はこうつぶやいていた。

「チクショー! ボクもいつか新婚旅行でハワイに行って、おそろいのアロハとムームーを着てやるんだ!」

世間の新婚旅行のカップルや現地の添乗員にあえてひとこと言いたい。海外で一人旅をしている男には、いろいろな事情があるかもしれない。そのあたりを斟酌《しんしゃく》して、あまり声をかけずに、そっとしておいてあげてほしい。同じく一人旅の女性から声をかけられるならまだしも……。

ホノルル空港に降り立った私は、次々とバスに乗り込む団体観光客を横目に、スーツケースを引きずってタクシー乗り場に向かった。中国系らしい運転手に行き先のホテルの名前を告げると、すぐにわかってもらえた。

そろそろホテルに着くころになって、海外旅行に慣れない私は、チップの計算に少し手間取った。

「う〜ん、ちょっと多いけど、このくらいならおつりをそのままあげればいいかな……」

そう思った私は、旅行用の英会話集で覚えた表現をここで使ってみる。

"Keep the change."

(おつりは取っておいて)

すると運転手は満面に笑みを浮かべて、大きな声で"Thank you, Sir!"と言った。

ここまではうまくいった。ちょっと自信がついた。フロントに向かう。

"I'd like to check in, please. I have a reservation. The name is Urade. . ."

(チェックインをお願いします。予約はあります。名前は浦出……)

ホテルのチェックインも何なくできた。大学の卒業旅行では団体ツアーに乗って行った私は、恥ずかしいことに、ホテルのチェックインさえ自分でやったことがなかったのである。今から思うと、よくこの程度の社員に名誉会長の付き人などやらせていたものだ。

リピーターを持って訪ねた相手のオフィスの受付では、

"Excuse me. I have an appointment with Mr. ______."

(ごめんください。○○さんに約束があるのですが……)

などと言ってにこやかに入っていった。なんだ、簡単じゃないか。これでボクも国際ビジネスマンだ——そう思った私は、ますます自信がついてしまった。

いわゆる日常英会話には、いくつか決まり文句がある。それを一通り暗記しておいて、その場に合った表現を口に出して使うという意味では、「英語を話す」のはそう難しいことではない。しかし、相手の言っていることを完全に聞き取るのは、多くの日本人にとっては話すよりもむしろ難しいのではないだろうか。どちらかといえば私もそうである。

初めて訪れたハワイには、ちょっと不思議なバイリンガル（2か国語）社会という印象を受けた。タクシーの運転手は中国とか韓国などから移民したアジア系の人が多かったが、英語も日本語もどこかカタコトだ。ハワイを訪れたことがある方ならご存じの通り、ホテルでも店でも日本語を話す店員がよくいて、たいていの用事は日本語で済んでしまう。

これだけ日本語が普及しているところに、日本語教材の需要などあるのかな……。リピーターと日本語教材を抱えてきた私は、ちょっと疑問に思った。

井深さんとは旧知の仲というK氏は、日系3世だった。「井深さんの使い」として来た私は、K氏の自宅兼オフィスで温かい歓迎を受けた。自分の代ではもうほとんど日本語を話せないというK氏だが、4世にあたる息子にも日本語の素養くらいは身につけさせたいという。リピーターを実演して見せたところ、「東京に帰ったら2セット送ってほしい」と言われた。サンプルとはいえさっそく売れたので、私はちょっと気を良くしてしまった。

リピーターを輸入したいと打診してきたS氏に会ってみると、日本企業などを相手に各種製品の輸入販売をしているという、なかなか実直そうな白人ビジネスマンだった。かつて米海軍に在籍していたときに駐留軍として来日したことがあるので、日本には特に親近感を感じていると言っていた。リピーターの輸出については、残念ながら現地ではビジネスとして成立しそうにもなかったので帰国してから丁重にお断りしたが、それでもS氏は「子どもに日本語を教えたい」といって1台買ってくれた。

海外についてはさほどの市場が見込めなかったリピーターは、結局、輸出ビジネスとして開花することはなかった。しかし、ハワイでサンプルを見せて歩いたこのときの「ビジネスごっこ」は、個人的には楽しい思い出になった。それに、ハワイの人々の日本語に対する熱意というか思い入れのようなものにも、ちょっとした感銘を受けた。

話がまた別のわき道に逸れて恐縮だが、日米関係の歴史に興味がある方へ。機会があれば、ぜひ真珠湾を訪ねてみるようにお勧めしたい。

ワイキキからは少し遠いが、路線バスでも行ける。「どこで降りたらいいのかな……」などと少し不安に思いながらバスに乗ったところ、そこは運転手も心得たもので、目指す停留所に着くと「パールハーバー！」と大きな声で乗客に知らせていた。ぞろぞろと降りる米国人観光客のあとをついて行けば、そこはもう真珠湾。

この真珠湾には、日本軍の奇襲攻撃によって撃沈された戦艦アリゾナ号が、今なお海に沈んだままの状態で記念碑として保存されている。港からそこまでは海軍の連絡船が連れていってくれるのだが、その前に30分くらいの記録映画を見せられる。そういうものが嫌いではない私ではあったが、周囲を見ると、みな米国人。日本人は自分一人しかいない。その上、映画はこんなナレーションで締めくくっていた。

「リメンバー・パールハーバー（真珠湾を忘れるな）。もし真珠湾を忘れたら、私たちは米国民としての存在意義そのものを失ってしまうでしょう……」

これには思わず冷や汗が出た。売店に並んでいる子ども向けの絵本にまで、「リメンバー・パール・ハーバー」というタイトルがついている。昔のことなど忘れやすい私たち日本人とはちょっと違った、西洋人の歴史観を垣間見たような気がした。

でも周囲の風景を見渡すと、そこは平和そのもの。年輩の米国人が、ソニー製のビデオカメラでアリゾナ記念碑を熱心に撮影している。沈んだ戦艦の上には、戦没者の名前を刻んだ真っ白なドーム。戦艦の巨大な砲塔の跡をのぞくと、その中には小さな魚がたくさん泳いでいた。

「夏草や兵《つわもの》どもが夢の跡」という句をふと思い出した。

後日、「アリゾナ記念碑の上でVサインを掲げて写真を撮っている日本人の若者がいたのはけしからん」という趣旨のコラムを新聞で読んだが、実に同感である。

## いざ本番、ところが……

ハワイに「下見」に行ったその翌月、私はいよいよ初めての海外出張に出発した。秘書の倉田さんに言われた通り、先にハワイに行っている井深さん夫妻のために和菓子などを買った私は、重いスーツケースを引きずりながら会社の独身寮を飛び出した。

当時の私の手帳を見ると、「ビジネスクラスでは酒はいくらでも出るし、食べ物も違う」などといったことまでメモしてある。初めて飛行機のビジネスクラスに乗れたのがよほどうれしかったのだろうか。いい気なものだ。

朝、ホノルルに着いたら、井深さん夫妻の泊まっているホテルに直行、そこで合流して夜にはニューヨークに向かう。空港でフライトの出発時間を確認してから、現地で井深さんのお世話をしているソニーハワイのオフィスに電話をかけて、自分がホテルで待機している旨の連絡を入れておく。ここまでは順調。

ところが、ニューヨークに向かうフライトに乗ろうとしたとき、予約していた米国の某航空会社の職員とちょっとした口論になった。井深さんは当然ファーストクラスを予約しているのに、経由地のロサンゼルスではＶＩＰ用のラウンジは使えない、などと言われたのだ。その職員いわく、

「国際線からダイレクトに乗り入れた場合はラウンジが利用できるが、ハワイからニューヨークまでのフライトは国内線なので、使えない規則になっている」

会社の規則か何か知らないが、ファーストクラスの料金を払っている乗客に、そのような非礼はないだろう。ここは頑張りどころだ。私は英語でまくしたてた。

「やいやいやい、ここにおわす方をどなたと心得る！　恐れ多くも、国際企業ソニーの創業者で……（というのはもちろん冗談だが、それに近いことはかなり言い張った）」

そのとき見送りに来ていたソニーハワイの社長と私の二人で、カウンターの向こうの日系人社員に対してあれこれと主張を繰り広げること数分の後、相手は「やれやれ」といった表情で、1回限り有効なラウンジの利用チケットを出してくれた。

教訓。特に海外の場合、航空会社によってサービスは大きく違う。経験に乏しい私は、その後何度か海外旅行や出張に出るまでそんなことさえ知らなかった。日本の航空会社も自由競争の時代に突入した今ならそんなことも当たり前と思われるかもしれないが、なにしろ当時の国内線は各社ともほとんど横並びのサービス内容だったし、国際線のビジネスクラスに相当するスーパーシートの類《たぐい》さえなかったのだ。

自分一人で行く場合は我慢できても、誰かのお供でついて行く場合は周到な事前調査が必要だ。旅行代理店も、単に料金の安さだけで決めるのではなく、細かなノウハウを持った信用のおける会社を選んだほうがいい。

さて、そのようなこともあったが、飛行機に乗ってしまうと私も気楽なものだった。自分は井深さん夫妻とは離れたビジネスクラスに座っているので、タダ酒でも飲んで寝ていればいい。ただし、自分の座席番号を書いたメモを主人に渡しておく必要がある。何か用があるときに、いつでも呼び出せるようにしておくためだ。メモは紙切れに書いて渡すとなくしやすいので、ポストイットに書いて、前の座席の後ろにでも貼っておいた。

これはホテルでの滞在中も同じで、自分の部屋番号を書いたメモを、井深さんの部屋の枕元かどこかわかりやすい場所に貼っておく。それから、井深さん夫妻と自分の部屋番号は、現地で世話をしてくれる駐在員にも忘れずに知らせておく。つねに自分の所在を明らかにしておくのは、随員の心得でも基本中の基本だ。

飛行機から降りるときには、主人のカバンを持たなければならない。飛行機のドアが開く前に、ファーストクラスの席までズカズカと入って行く。これにはちょっとした勇気がいる。米国の航空会社の場合は規則がうるさいせいか、乗務員に制止されることがある。しかし、そんなことは意にも介さず、「私はあの人の秘書ですから」とか何とか言いながらそのまま入って行く。これくらい無遠慮に振る舞わなければ、カバン持ちの仕事などやっていられない。

ニューヨークのジョン・F・ケネディ国際空港に降り立つと、ソナムのスタッフが何人か出迎えに来ていた。

　空港の施設内であっても必ずしも安全とは言えないアメリカのこと。そこは現地のスタッフも慣れたもので、それぞれ手際よく井深さん夫妻をリムジンに誘導すると同時に、私たち一行のスーツケースをてきぱきと運んでくれた。

　ソナムのスタッフはみな親切だった。井深さん夫妻への気遣いもさることながら、名誉会長秘書の倉田さんから「不慣れな英語屋の坊やがついて行くから、よろしくね」と頼まれていたこともあって、新米カバン持ちの私の世話をあれこれと焼いてくれた。しかし、海外に不慣れなのんびり屋の私は、その後何度も現地の駐在員から「カバンやカメラは車道側に下げていてはダメ。ひったくられるよ」などと注意された。

　ニューヨークの郊外にあるソナムのオフィスでは、現地の社員を相手にして井深さんの来訪記念講演会が開催された。井深さんお得意の幼児教育論を、例によって私が逐次通訳する。必ずしも流暢《りゅうちょう》な英語の話し手ではない私が、本場アメリカで英語の通訳にあたるのはとても恥ずかしかったが、これも自分の役目なので仕方がない。

　もっとも、このころまでにはもう何度か井深さんの通訳をやっていたので、私もある程度は慣れていた。ソナムのアメリカ人スタッフもフムフムとうなずきながら聞いていたので、何とかわかってもらえたようだ。

それにしても、ニューヨークのオフィスが当時のソニーの東京本社よりも立派だったのには驚いた。さすがはアメリカだ。

話は逸れるが、アメリカ人の中には、ソニーがアメリカの会社だと信じている人が少なくないらしい。アメリカから来た手紙の宛名に“Sony Corporation of America, Tokyo Branch”（ソニー・アメリカ株式会社東京支社御中）などと書いてあったのを何度か見かけたことがある。それだけソニーが進んだ国際企業だったということだろう。

ニューヨークで井深さんの買い物にお供したときのこと。井深さんはふと、F・A・O・シュワルツという玩具店に立ち寄って、「このおもちゃ屋は大きいんだよ」と私に言った。実は井深さん自身、玩具の類が好きなようではあったが、もしかしたら孫のような年ごろの私にニューヨーク見物をさせようという心遣いがあったのかもしれない。まだ幼かったころ、祖父に連れられて近所の駄菓子屋に行ったことを思い出して、ちょっとうれしくなってしまった。

ところでこの出張中、「カバン持ち」が仕事のはずの私が荷物を置き忘れたことが2度あった。これでは随員としてまるで失格だ。

スーツケースには全部同じ色のリボンをつけて、移動のたびに必ず個数をチェックしていたが、気をつけていたのは大きなトランクの類だけで、途中で増えた荷物やブリーフケースといった細かな物がチェックリストから抜けていたのだ。

カバンをひとつホテルに置き忘れた1度目は、ソナムの社員が車で取りに戻ってくれた。幸いなことに飛行機はソニーの社有機だったので、出発時間は遅らせてもらえた。

「あ〜あ、これではカバン持ち失格だなあ。東京に戻ったらクビかなあ……」

カバンが届くのを待っている間、私がそうこぼしていると、体格のがっしりしたアメリカ人のパイロットが元気づけるようにこのようなことを言ってくれた。

「なあに、そんなことでクビにならないよ。そんなにクヨクヨしなさんな」

2度目。こともあろうにロサンゼルスでの授賞式でIEEEからもらったばかりのトロフィーをハイヤーのトランクに忘れてきてしまった。これは、その運転手からもらっておいた領収書のカードに自動車電話の番号が書いてあったので、すぐに電話をかけてホテルまで戻ってきてもらった。

いやはや、何とも恥ずかしい話だが、旅行中はえてしてこういうことがよく起きる（……少なくとも、私だけではないと思いたい）。こういうミスを犯さないためには、途中で増えた荷物や小さなものまで含めて、すべてをチェックリストに記載することだ。また、単に目印をつけるだけでなく、荷物に番号を振っておいて、何が足りないかがすぐにわかるようにしておくことも大切だろう。私の場合、荷物の個数だけ頭の中でカウントしていたのが不十分だった。

人間の記憶力や注意力は、旅行中などには散漫になる。「見ればすぐにわかる」ようなチェックリストを作っておくことがポイントだ。

### スピーチは大成功!

前記のような失敗はあったものの、この出張は当初の目的からすると成功だった。ロサンゼルスで行われたIEEEの授賞式では、井深さん自らが英語でスピーチを行い、満場の聴衆から見事な喝采を受けたのである。

このときソニーが受賞したIEEEの「企業技術革新賞」は、「高度の技術を民生用および産業用の分野に効果的に適用し、発展させた功績により」授与されたものだった。これに対して、40余年前に自らソニーを興し、トリニトロン方式のカラーテレビやVTRの商品化を陣頭で指揮してきた老齢の創業者自らが演壇に立ったのだ。これで受けないはずがない。

もうひとつ、聴衆に受ける要素があった。実は井深さんの前に演壇に立った某米国企業のトップが、「自分の会社がいくら優秀な技術を作り出しても、外国企業がすぐにマネをしてしまう」という攻撃的なスピーチをぶったのだ。これは栄えある授賞式の場にはちょっとふさわしくない内容で、会場も少しシラケ気味だった。

一方、井深さんが「こういう内容をスピーチに入れたい」と私に指示しておいたことがある。それは「日米の経済関係が今日のように難しい状況の中で、日本企業のソニーに対して何の偏見も抱くことなく名誉ある賞を与えてくださったＩＥＥＥの皆さんに、敬意と感謝を表します」という一節だった。直前のスピーチの内容が前記のようなものだっただけに、この一言は効いた。ＩＥＥＥという組織が、政治的な問題にこだわることなく、電気電子技術者の団体としての純粋な観点から受賞企業を決定したことを持ち上げる形になったのだ。さすがは井深さんだ。読みが深いというか、ポイントを確実に押えている。

Ａ4の用紙にして2枚半、わずか5分間程度のスピーチ原稿を井深さんが朗々と読んでいる間、会場はこのソニーの創業者の声に耳を傾けて静まりかえっていた。

そのスピーチでは、まずソニーを受賞者に選んでくれたＩＥＥＥに対する感謝と敬意を表明した後、井深さん個人がソニーの創業者として前に同じ団体から受賞した「ファウンダーズ・メダル」(Founder's Medal, Founder は「創業者」の意) という賞のことにも言及した。これらの賞は「コンシューマー (消費者) 向け製品に最高の技術を投入した製品を届ける」「他人の模倣をしない」というソニーの企業理念の成果であって、独特の製品はそのような企業姿勢なしには生まれてこなかった、と少しだけ自賛しながら、最後に「いま私たちが歩んできた道を振返ると、ＩＥＥＥからいただいたこの賞こそ、私どもの会社を称えるのに最もふさわしい賞といえましょう……」という言葉で締めくくった。

スピーチが終わると、会場は一瞬の静寂のあと、万雷の拍手につつまれた。ごく短いものではあったが、その原稿を用意した英語屋として、私はほっとすると同時に涙が出るほどうれしかった。

さてそうこうしているうちに、約10日間にわたった初めての海外出張は何とか終わった。この間、随員としての私にはカバンの置き忘れなどの大失敗もあったが、現地でアテンドにあたったソナムの社員がフォローしてくれた。ずいぶん間抜けな小僧がついてきたと呆《あき》れられたかもしれないが、帰国してから、お詫びかたがた丁重な礼状を差し上げたので、その点については お許しいただけたことだろう。

心配していた英語の通訳も、まあ何とかなった。当時の私の手帳を見ると、「西海岸のスタンダードな（つまり英会話教材のテープなどで聞き慣れた、という意味だろう）英語は9割方わかるようになった」とある。実は、ニューヨーカーがしゃべるような早口の英語は、聞き取るのがかなりたいへんだった。そういった英語に対応できるようになるのが今後の課題である、などということも書いてある。

出張中はさすがに頭も身体も疲れていたのか、言葉は聞き取れているのに、訳語がどうしても口から出てこないという問題もあった。このあたりは、私の能力ではもう限界に近いところだったかもしれない。

ロサンゼルスからの帰りの便は、日本の航空会社の飛行機だった。座席についてイヤホンを耳に入れると、落語が聞こえてきた。私は心の中で快哉《かいさい》を叫んだ。

「日本語だ、日本語だ！　もう英語なんか聞きたくもないや……」

そしてカリフォルニアワインをしこたま飲んだ私は、そのまま東京までぐっすりと眠り込んでしまったのである。

## 忘れ得ない人々・その1　井深さんを支えた若手スタッフ

### 優秀な前任者の存在

井深さんを支えるスタッフには、いろいろな面で才に長《た》けた人がいた。

なかでも、井深さんの英語屋として私の前任者にあたるSさんは、人格、能力の両面において際立っていた。流暢な英語はネイティブスピーカー並みだし、人に接するときの物腰はやわらかだし、つねに沈着冷静な判断ができる。才色兼備のすてきな奥様と可愛いお嬢さんがいて、家庭生活も充実している。

一方、後任の私はと言えば、通訳をやらせればドジばかり踏んでいたし、せっかちで意地っ張りだったし、当時はまだ独身で、彼女の一人さえいなかった。Sさんとの共通点は、同じ北海道の出身だということくらいで、それ以外は月とスッポン、雲泥の差……。異動した当初のころの私は「どうしてこれほど優秀な人の後任がボクなの？」などと自問しては、何ともいいがたいコンプレックスに苛《さいな》まれた。

会社のほうもさすがにその点を心配したのか、Sさんは私の異動後も数か月にわたって教育事業室の仕事に留まり、後任である私の指導にあたってくれた。Sさんにしてみれば、もう何年も務めているこの仕事を離れて、1日でも早く海外営業の最前線に復帰したかっただろう。なかなか独り立ちできなかった私は、本当に迷惑をかけてしまった。

Sさんとの性格や能力の差はいかんともしがたい。そう思った私は、英語屋として自分なりのやり方を確立しようと努力した。道産子《どさんこ》には、「こんなもんでないかい」というのんびりした気性の良さがある。その精神でいこう。あせってみたところでしょうがない……。

本人の自助努力に任せるしかない、とSさんも感じたのだろうか、私にはあまり細かいことは言わなかった。ただし、要所要所で的確なアドバイスをしてくれた。つねに笑顔を絶やさずに温かく励ましてくれるSさんの言葉を、本当に身にしみる思いで聞いていた私であった。

井深さんの通訳の席に立つとき、私はいつもSさんの冷静な立ち居振る舞いをイメージしながら仕事に臨んだ。そうすると不思議に落ちついた。

Sさんはその後、海外営業に復帰したのち、是非にと頼まれて盛田会長（当時）の秘書を数年にわたって務めた。現在ではふたたび「現場」に復帰し、部長職に就いたと聞いている。

## 強引なアシスタント

井深さんの英語屋をしていた4年半の期間、私の前の席にはつねに、Hさんという女性社員が座っていた。私にとっては、自分自身の母親と妻を除けば、これまでの人生でいちばん多く会話を交わした女性である。

私とほぼ同年代の彼女は、井深さんの幼児教育事業担当のアシスタントをしていて、「鈴木メソード」(第7章「東洋医学と0歳教育」参照)で育成されたバイオリニストでもある。東京の良家のお嬢様である彼女に対して、田舎から出てきた私はちょっとしたコンプレックスを感じていた。

井深さんの幼児教育の考え方や資料のありかについては、彼女に教えを請うた。正直なところ、日々のやりとりの中で「こいつ、ずいぶんお嬢様なことを言うな〜」などとむかつくこともあった。私も相当な頑固者だったから、意見が対立するたびにガンガンと言い張っては、Hさんを泣かせたことも何度かあった。

井深さん夫妻のお供で米国に出張する直前になって、サンフランシスコにある児童向けの科学博物館を見てきてはどうですか、などと彼女が井深さんに進言してスケジュールに割り込ませたことがあった。高齢の名誉会長のために余裕をもたせて日程を組んでいた私は、彼女のこの独断専行にはさすがに頭にきたが、井深さんが行ってみたいと言い出した以上、どうしようもない。

しかし、実際に訪れてみると、その博物館は、ボランティアが主体となって運営するhands-on（子どもたちが実際に触れて実験できる）タイプのユニークな展示品にあふれていて、それまでの日本にはなかった種類のものだった。なにしろ少年時代から科学にあこがれを抱いて育ってきたという井深さんのことだから、それはもういたくお気に入りのご様子だった。（でも案の定、そのあとで「疲れた。目が回る」と言い出したんだよ、Hさん！）

その後、「この博物館を日本に紹介しよう」という案が浮上した。もともと井深さんは、早くから学校教育への補助制度を作るほど、教育には熱心な企業家である（*1）。そこで、ソニーで費用を負担してこの博物館に展示品をいくつか作ってもらい、それを全国各地に持ち回るというプロジェクトが発足した。もっとも、ソニー本社としては直接関係のない仕事であっただけに、事細かな実務を引き受けられるスタッフは少なかった。

しかし、Hさんはそこでなかなかの根性を見せた。自ら事務方を引き受け、輸入実務のことを私などに聞いては、あちらこちらに片っ端から電話をかけて計画を推進していった。ただの「お嬢様」ではなかったのである。結局、このプロジェクトは成功裏に終わり、わが国の博物館や教育関係者などに多大な影響を与えたようである。

（＊1）１９５９年に「ソニー理科教育振興資金」を設立（のちに「ソニー教育資金」に改称）。社会への貢献は、けっして「儲かったからやる」ということではなく、企業としてずっと続けていく義務がある、というのが井深さんの信念だった。

# 第2部　汝の主を知れ

# 第6章　どこでもついて行くカバン持ち

## 「カバン持ち」の居場所

英語屋であった私のもうひとつの任務は、井深さんが講演などで外出する際に「カバン持ち」としてついていくことであった。

井深さんの秘書で、私の事実上の上司であった倉田さんから「井深さんが、明日どこどこにお出かけになるから、お供を頼むわね」という指令を受けた私は、井深さんの名刺やら予定表やら一式を抱えて、あちらこちらについて回った。ひとくちに「名刺」といっても、井深さんの場合はソニーの名誉会長としての名刺のほかに、それぞれの団体の長としての名刺が何種類もあった。外出の目的によって違う名刺を用意しておくのも私の仕事だった。

さすがにソニーのトップともなれば、使っている自動車もたいそうなものだったが、黒沢さんという専属の運転手の技術もすばらしかった。まるで装甲車のような幅広のアメ車を巧みに操って、都内の狭い路地をスイスイと運転していくさまは、ペーパードライバーの私にはまさに神技のように見えた。しかも、時間の読みもすこぶる正確だ。いくつも先の信号機の変化を予測して、「この調子なら、会長さんのお宅に着くのは何時何分でしょう」と言ってはピタリと車をつけてしまう。高級車を持っている人はあまたいても、これほど見事な腕を持った運転手を雇っている人はそう多くないだろう。

黒沢さんは気さくな人だった。井深さんが朝から外出するときなどは、「それなら、まず浦出さんをひろってから会長さんをお迎えにあがりましょう」と言って、会社の独身寮まで迎えに来てくれた。もっとも、四畳一間の寮の前に高級外車がデーンと迎えに来ているものだから、最初は寮の管理人が目を白黒させていたが……。この機転の利く運転手さんのおかげで、ノロマな私でも車の差し回しではほとんど失敗がなかったのは幸いだった。

訪問先でちょっと困ったのは、私のようなペイペイのカバン持ちの「居場所」がない場合である。「井深さんに随行《ずいこう》し、相手との約束事などをメモしてきて報告する」という任務を倉田さんから受けていた私は、井深さんのそばから離れるわけにはいかない。この仕事にまだ慣れていなかったころ、訪問先のスタッフから「秘書の方はどうぞこちらでお待ちください」と通されるまま別の控室に入ってしまい、井深さんとはぐれてしまうという失態を演じたことがあった。それ以降は、井深さんから「人払い」があった場合を除いて、誰が何と言おうとピッタリとついて歩くことにした。

しかし、だからと言って、居並ぶＶＩＰと同じソファーに座ることもできない。結局、目立たないように部屋の隅に立っていることもよくあった。相手方がＶＩＰの受け入れによく慣れている場合は、部屋の片隅に折りたたみ式のイスをふたつみっつ置いてある。企業のトップともなれば、私のようなカバン持ちがついてくることがよくあると知っての配慮である。このような居場所を用意しておいてもらえると、本当にありがたく感じたものだ。

食事会を伴うイベントにもなると、ＶＩＰについてくる秘書や運転手のために、主催者側で別に弁当を出したり、食事場所を用意しておいてくれることもあった。これはますますもってありがたかった。

ついでに書いておくと、井深さんは私や運転手の食事のことをよく心配してくれた。食事時の外出にもなると、「あんたがた、ご飯はもう食べたの？」とよく聞かれたものである。食事は別にすませておいて井深さんに余計な心配をかけないというのも、カバン持ちとしての私の心得であった。

立食パーティーなどにお供でついて行ったとき、たかがカバン持ちの私をつかまえては、あれこれとおっしゃる人がけっこう多いのには閉口した。「いろいろと気を遣うことが多くて大変でしょう」などと声をかけてくださるのはまだいいほうだった。もっとも、あまり愛想の良くない私には「ええ、まあ……」としか返事のしようがなかったが……。

パーティーによっては、「井深さんと並んで写真を撮らせてほしい」などと言いながら近寄ってきては、私にカメラのシャッターを切らせる人が多いのもまいった。次の予定が迫っている場合など、こちらは気が気でない。あまり邪険な対応もできないので、適当にサービスせざるを得なかったが、内心では「ボクはアンタの秘書じゃないんだからさあ、むやみにこき使わないでよ……」とつぶやくこともよくあった。

このほか、「サインが欲しいんだけど……」と言う人もいれば、「ウチの息子は○○殿下と同窓で、○○商事に勤めているんざあますのよ」などとワケのわからないことを私に話しかけてくるご婦人もいた（そんな話、井深さんにもボクにも何の関係もないだろうに……）。今だから言えるが、「もういいかげんにしてくれ！」といったところだった。

企業のトップともなれば分単位のスケジュールで移動することも多い。当然、随員は時間を見ながら車の差し回しなども考えておかなければならない。「相手の秘書にやたらと私事を申しつけない」ということも、パーティーでのマナーのひとつとして考えてほしいものである。

当時はけっして口に出さなかったボヤキまでつい書いてしまった。しかし、このようにカバン持ちの仕事を何度もやったおかげで、パーティーなどの会場で最初はウロウロしていた私も、そういった場の雰囲気にもけっこう早く慣れて、そつなく振る舞えるようになれたと思う。また、井深さんの講演を何度も聞いたことで、その人となりや考え方を把握することができたが、これは通訳や英文レター作成の仕事で大いに役立った。

倉田さんからのアドバイスで、立食パーティーの会場などでは「あまり井深さんのすぐあとにくっついて歩かず、しかし井深さんから見えるところに立っている」のがベストだということもわかった。気楽な会話を楽しむ立食パーティーの会場で随員がぴったりとついているとどうにもやりにくいし、さりとて井深さんが用を申しつけたいときにお供がどこにいるかわからなくては困るからである。

随員がパーティー会場で料理をパクつくのはいくら何でもはしたない……とさすがに鈍感な私も思っていたが、井深さんの場合、これは必ずしも当てはまらなかった。なにしろ、お供の私がご飯を食べたかどうかつねに心配してくれる井深さんのことだ。パーティー会場でも始終、「あんた、食べたの？　もっと食べなさいよ！」と言ってくれるのである。

まだこの仕事に就いたばかりのころ、外出先で本田宗一郎氏（故人）の秘書の方とお話しする機会があった。ソニーとともに戦後日本の経済復興を象徴する企業と言われるあの本田技研の創業者と井深さんとは、とても仲の良い友人同士だった。そのあたりの話は、ベストセラーにもなった井深さんの著書『わが友・本田宗一郎』（ごま書房）に詳しく書かれている。

本田氏に随行していた秘書は、部長級の頭の切れそうな紳士だった。ずっと格下の私にも実に丁寧に接してくれたその人が、話の途中でふと、このようにつぶやいたのを今でもよく覚えている。

「本田さんは会社にとってとても大事な人だからね……」

その言葉の裏には、会社の創業者の随員としての誇りや使命感のようなものが感じられた。それと同時に、まだ新米の私に対して「君のような年代で、それほど大切な仕事を任されているのだから、頑張らなければいけないよ」というエールを送ってもらったような気もした。

どうやら倉田さんも、未熟な私をあえて信頼して経験を積ませようという親心から、井深さんのお供につかせてくれているのだろう。——そのような思いを胸に抱きながら会社に戻って、倉田さんに今日の外出先での出来事を報告しに行った。すると、当の倉田さんは上機嫌でこう言った。

「あら、おかえりなさい。今日は一日中、浦ちゃんに会長さんのお供をしてもらったおかげで、私のほうはの〜んびりできたわよ〜ん」

## 井深さんはボーイスカウト

井深さんには数多くの肩書《かたがき》があった。ソニー株式会社の名誉会長（Honorary Chairman　社内では後に「創業者」という意味で Founder という呼称も併用）はもとより、各種の財界・技術者団体や教育関係の組織の会長（Chairman または President）とか理事長（Chairman of the Board）といった肩書が、優に百は超えていたと思う。井深さんが外出する際には「カバン持ち」と同時に秘書としての役割も果たさなければならなかった私は、これらの肩書のうち主なもの20個くらいについては、正しい名称を日本語と英語でいつでも言えるようにしておかなければならなかった。

もちろん、役職の中には、名前だけを貸して実際の仕事は事務方に任せっぱなしという名誉職のようなものも少なくない。しかし井深さんは、各種の会合や行事などに積極的に参加していた。自ら創設した財団法人幼児開発協会（Early Development Association）やソニー教育振興財団（Sony Foundation of Education）のほか、日本オーディオ協会（Japan Audio Society）、社団法人発明協会（Japan Institute of Invention and Innovation）や東京都社会福祉協議会（Tokyo Council of Social Welfare）などのトップとして、多忙な日々を過ごしていた。

ちょっと余談になるが、このほか井深さんが会長を頼まれた団体に「日本宇宙少年団(Young Astronauts Club of Japan)」というのがあった。これは、私がこの英語屋の仕事に就いた1986年に発足した団体で、ボーイスカウトの宇宙版というか、少年少女宇宙クラブの全国組織のようなものである。ある日、この団体の事務局から私のところに電話がかかってきた。私がその電話に出ている間、電話を取り次いでくれた女性社員が顔を真っ赤にしているのが見えた。どうしたのかなと思っていたら、電話が終わった次の瞬間にはもう爆笑していた。

「キャハハハハ。『宇宙少年団』ってナニ？ もしもし〜、浦出さんですか。こちらは宇宙少年ソラン（昔そういうテレビアニメがあった）です、なんてね！」などと言って笑いころげていた彼女の姿を見て、電機メーカーにいながら不思議な仕事をしているものだと自分でもつくづく思ったものだ。

ところで、教育問題に深い関心を持つ井深さんが熱心に関わっていた活動のひとつが、ボーイスカウト運動だった。私は井深さんの英語屋になるまで知らなかったが、この運動に貢献している政財界の要人は少なくない。本田技研の創業者・本田宗一郎氏もその一人だった。この種の運動は海外ではもっと盛んである。スウェーデンの国王陛下などは、ボーイスカウト運動に多額の寄付をしてくれた人に自ら表彰状を手渡すという熱の入れようである。

さて、そのボーイスカウトでは「ジャンボリー」と呼ばれる大規模なキャンプが数年に一度開催される。１９８６年8月には宮城県の南蔵王《ざおう》山麓で開催されることになった。このキャンプに井深さんが出席することになったが、当時、井深さんの英語屋兼カバン持ちになってまだ日が浅かった私も随行を命じられた。まさか仕事で1週間も山中に行くとは思ってもみなかった。

ふだんの仕事ではもちろん背広を着ていたが、ボーイスカウトの夏のキャンプでは半袖、半ズボンの制服である。ボーイスカウトなどやったことがない私もそれを着用することになった。カーキ色のユニフォームに、緑色のネッカチーフを巻いてベレー帽をかぶる。

「何だか軍隊の特殊部隊みたいでかっこいいな」などと思いながら嬉々《きき》として鏡を覗いてみたら、そこには売れない三文小説家のような風貌をしたベレー帽の男がいた。ちょっとがっかりした。

随行先での私の任務は、井深さんのスケジュール管理や車の差し回し、ボーイスカウト事務局やソニー本社との連絡などである。外ではいろいろな人に会うので、そこで井深さんがどのような話をして、どういう約束をしたかをメモしておき、東京にいる秘書の倉田さんに報告するのも私の仕事だった。ボーイスカウトのイベントには外国からの代表団も多数参加しているので、必ずしも得意ではなかった通訳にあたる機会もあった。しかし、国際会議などとは違って、このようなキャンプ地ではせいぜい簡単な挨拶を交わす程度だ。その点では、このときの任務はずいぶん気楽なものだった。

大変だったのは、車の差し回し。山奥のキャンプ地だから、駐車場が遠い。自動車には電話がついていたが、当時は携帯電話がなかったので、車を呼びに行くにはキャンプ地でただ1か所にしかない臨設の公衆電話まで走っていかなければならなかった。悪いことに、キャンプは雨に見舞われて山道はドロドロ。もともと運動神経のない私は、よく石にけつまずいては正面からバタンと倒れた。そのため、私のかっこいいボーイスカウトの制服はすっかりどろんこになってしまった。

「あ〜あ、ボクはこんなところで何をしているんだろう」などとついぼやいてしまった私だったが、そうは言いながらも楽しいキャンプであったことは間違いない。

ボーイスカウトの行事の合間には、東北各地にあるソニーの工場を視察して回った。すでに会社の現業から離れてはいても、井深さんといえば、自らソニーを興し、トランジスタラジオやテープレコーダー、トリニトロン方式のカラーテレビなど様々な製品の開発を陣頭で指揮してきた、いわば伝説中の人物である。製造現場を訪問すれば、その工場にとっては記念すべき一大イベントになる。そのような効果があるのをよく知っていた井深さんは、各地に出張する機会があるたびに、現地の工場訪問を日程に入れていたのである。

スケジュールが詰まっているので、移動には本社のヘリコプターと現地にある子会社の社有車を使う。私はヘリコプターに乗るのは初めてだったが、この出張を通して、多忙な日程をこなす企業のトップがこういう乗り物を必要とする理由が、実感として理解できた。

東京から大阪とか名古屋、仙台あたりへの出張なら新幹線で行ける。札幌や福岡なら飛行機の便も多い。しかし、ソニーの工場が散在する東北各県の「ヨコ」の交通は不便で、ヘリコプターでも使わなければ、とても1日やそこらの日程では回りきれるものではない。

宿泊施設には、キャンプ地の近くにあった会社の保養所を利用した。

当時の井深さんは本当に精力的だった。ある日、「今日は雨が降っているから、せっかく保養所まで家族連れで遊びにきた社員たちも退屈しているだろう。今晩、教育に関する懇談会でもやろうか」と言い出した。そこで、保養所の管理人さんと相談して掲示を出したところ、宿泊していたソニーの従業員やその家族がほとんど全員集まった。その晩は2時間くらいにわたって、井深さんお得意の幼児教育に関する講演会となった。

ところで、この出張では、「英語屋」としての私の仕事はあまりなかったが、1週間、ずっと井深さんのお供をして、その人となりやスタイルをよくつかむことができた。その後は、井深さんの英語屋としての私の仕事ぶりも何となくしっくりいくようになってきた。結局、コミュニケーションのヘルパーとしての「英語屋」は、ただ機械的に通訳や翻訳ができるというだけでは不十分で、それ以上に、仕事を通して相手との信頼関係を作ることが大切なのだ。

キャンプが終わり、東京に戻ってきてからしばらくして、秘書の倉田さんがニコニコしながら私にこう言った。

「あのキャンプに浦出さんを同行させておいて良かったわ。しばらく一緒に仕事をしたおかげで、井深さんに名前を覚えてもらったでしょう。私なんか、秘書になってから名前を覚えてもらうまで半年くらいかかったのよ……」

## 台湾への旅

1989年9月には、井深さん夫妻に随行して台湾を訪れた。この出張の主な目的は、ボーイスカウトのアジア・太平洋地域会議への出席。このほか、井深さんはソニーの名誉会長として、現地工場を視察したり販売代理店を訪問するなどの仕事もあった。

このときは訪問地が比較的近かったので、会社の小型ジェット機が使えた。これなら、海外旅行中にありがちな荷物の紛失といったトラブルの心配はない。また現地は英語を使う地域ではないから、英語屋としての私の出番も少ない。私の仕事はせいぜい、カバンを持って会議に随行するくらい。どちらかと言えば気楽な出張だ。

現地へ向かう飛行機の中で、会議の日程表や現地で会うことになっている要人のプロフィールなどの資料を井深さんの目に入れたら、それで仕事の大半は終わったも同じ。私の頭の中はもう、おいしい台湾料理のことでいっぱいだった。

台北市郊外の中正国際空港に着いたのは、午後10時を過ぎていただろうか。空港には、現地の駐在員が2台の車に分乗して出迎えに来ていた。

井深さん夫妻の荷物はだいたい、このクラスの要人にしてはそれほど多くない。しかし、現地で各種の行事に出席する予定があれば、持っていく衣類もそれだけ増える。たとえば、この出張ではボーイスカウトの会議に出席する予定だったから、スカウトの制服なども準備しておく必要があった。私のようなヒラ社員の場合は、予備のスーツ1着にワイシャツが何枚かあればそれで十分だったが、人前に出る機会が多い企業のトップの場合はそうもいかない。時と場合に応じてそれなりの服装を準備しておく必要がある。

井深さん夫妻は、現地駐在員事務所の代表を務める北村さんの車に同乗し、私のほうは、夫妻のスーツケースを運ぶために現地の工場で用意してくれたワゴン車に乗った。しかし、道をよく知っているはずの現地人が運転するこのワゴン車がなんと道に迷ってしまい、台北市内をあちらこちら走り回ったあげく、ホテルに到着したときにはもう午前2時を回っていた。あいにく、井深さん夫妻のパジャマなどが入ったスーツケースもすべてこの車で運んでいた。奥様がその時間まで起きて私の到着を待っていたのは、本当に申し訳なかった。

旅行中はどういうトラブルがあるかわからない。こういう事態に備えて、寝間着などの必要最低限のものが入ったスーツケースだけは、本人と同じ車に載せておくべきである。

ソニーのコンシューマー向け（家電）製品の販売代理店である新力公司《シンリー》では、董事長（会長）の陳茂榜夫妻から歓迎を受けた。仙人のようなあごひげをつけた陳氏は、「井深さんとは昭和23年以来の付き合いになりますよ」などと懐かしそうに語っていたが、どこか鋭い眼差しが印象的な人だった。

その陳氏の案内で、私たち一行は大陸側（中華人民共和国）との境界にある金門島を見に行った。1949年の国共内戦以降、中国本土からたびたび激しい砲撃を受けてぼこぼこに穴をあけられた小さな島だ。大陸から目と鼻の先にあるこの島は、いまなお厳戒態勢にある。

しかし、私たちが目にした金門島はのどかな田舎だった。古い時代の建築物が並ぶ史跡と、内戦当時の状況をつぶさに伝える戦史博物館は、歴史に興味のある私にはとても楽しめた。おまけに言葉は中国語だから、英語屋の私は通訳しなくてもよい。もっともその分、中国語を堪能に話せる駐在員の北村さんは大変だったようだが……。

南国の真っ青な空の下で、井深さん夫妻と半日の観光を楽しませてもらえたこのときのことは、今でも良い思い出として私の胸に刻まれている。

もちろん、私たち一行は観光ばかり楽しんでいたわけではない。井深さんはソニーのビデオ工場を訪問したり、駐在員を夕食に招待するなどして、現地で働く社員の労をねぎらった。

ソニーくらいの規模の企業になると、世界各地に販売会社や生産工場が展開しているので、場所によってはトップが訪れる機会があまりないところもある。だからこそ、こういった機会をとらえて海外拠点を訪問することは、現地従業員の士気を高めるという意義があるのだろう。

もちろん、現地サイドにしてみると、トップを受け入れる準備は大変なものだ。会社の創業者が来るというだけで、現地では必要以上に気を回しがちである。そこで、現地のスタッフが必要とする宿泊先や日程などの情報を早めに伝達するだけでなく、具体的にどのような点に気をつけて準備しておけばよいかということを相手方に知らせておく。こうすることで、現地サイドに無用な気遣いまでさせないようにする。

たとえば、井深さんが現地を訪れたときに誰と会いたがっているかとか、最近どのようなことに興味を持っているかなどについて、簡単に箇条書きしたものを早めに受け入れ側に送っておいた。その中には、「自動車の座席には道路地図を入れておくといい」といったものもあった。井深さんはいつも「いま、どこを走っているのかな」と気にしては地図を見たがる人だったからである。

もっとも、私の場合はそれほど気の利いた供回りではなかったので、現地の方々にはずいぶんと厄介になってしまった。

さて、台湾訪問の最終日のこと。夜の9時ごろだったろうか、現地駐在員の方から「浦出さん、これからちょっと外に飲みにいきませんか」と誘われた。しかし私は、「残念ですが、仕事柄、井深さん夫妻がお休みになるまでは出られないんです。呼び出しがあったら、すぐに駆けつけないといけませんから……」と言って、泣く泣くお断りした。

う〜ん、本当に残念！……と思っていたところ、井深さん夫妻に「おやすみなさい」を言ったあとに、また電話があって、「もう大丈夫ですか？　ではこれから迎えに行きますよ」と誘ってもらえた。このときはさすがにうれしかった。

食事をしながら聞いた話では、台湾の人々は繁華街で朝の4時くらいまでひたすら食べても、次の日には平気で出勤するらしい。さすがは食の本場である。郷に入っては郷に従えとばかり、私は珍しいカエルの脚のからあげなどを、たらふくおなかに詰め込んで、まるで自分自身がカエルみたいになってしまった。

しかし、調子に乗りすぎたようだ。ホテルの部屋に帰ったとたん、おなかがゴロゴロと鳴り出した。結局、朝までほとんど寝られないまま、ほうほうのていで東京への帰途に着いた。

# 第7章　東洋医学と0歳教育

## 東洋医学とコミュニケーション

私がソニーを退社してから2年ほど後のこと。週刊誌の広告に「公開されたソニーの『秘密オカルト研究』」という見出しが躍っていた。思わず買って読んでみたところ、井深さんが進めていた東洋医学研究のことが書かれていた（＊1）。書名は忘れたが、かつて発売された単行本にも、この研究をこれと同様に「オカルト」扱いしているものがあった。

井深さんが東洋医学の研究を推進していたのは事実だ。だが、どうして東洋医学が「オカルト」なのだろうか。鍼灸《しんきゅう》や漢方薬といった東洋医学の治療法はわが国でも広く普及していて、別に奇異なものでも何でもない。

もっとも、日本の誇るエレクトロニクスメーカーの創業者が、それとはまったく無関係な伝統医学に凝っていたこと自体が、世間の目には面白おかしく映ったのかもしれない。それはそれで理解できる。まして、社内に東洋医学の研究所まで作ってしまったのだから、「ソニーが、なぜ？」と思われても、無理のないところかもしれない（＊2）。

井深さんの英語屋としてその活動を間近に見てきた私に言わせれば、それこそまさに、このソニーの創業者が天才たる所以《ゆえん》なのだ。誰も注目していない分野に目をつけて、他人がまだ作っていないものを作る——これが井深さんの信条だ。そういう確固たる姿勢があったからこそ、その昔、開発されたばかりのトランジスタをいち早く導入して日本初のトランジスタラジオを製造し、その後のソニー発展の礎《いしずえ》を築くことができたのである。東洋医学の研究もまた、そんな井深さんの新たなチャレンジのひとつに過ぎなかった。

たしかに、井深さんはたいへん凝り性な人であった。教育事業はまだしも、この東洋医学については、さすがに「ご隠居の道楽」のように見る向きもないではなかった。井深夫人などは、井深さんのために木の根っこやら葉っぱやらを混ぜた漢方薬を煎《せん》じていたが（これはたいへんなにおいがするらしい）、「もう、まるでゴミみたいな薬を飲むんだから……」などとよくぼやいていたものだ。しかし、井深さんのこのような凝り性が数々の製品群を生み出してきたのだから、けっして馬鹿にしてはいけない。

ところで、井深さんがそういうテーマに興味を持っていたために、通訳や翻訳を担当していた私もいきおい、その分野の語彙《ごい》を蓄える必要に迫られた。それまで、医学用語の知識は皆無に近かった私は、身体の諸器官や病気、症状や治療法などの英語表現を次々と覚えなければならなかった。

当時私が肌身はなさず愛用していた「マジックノート」の「東洋医学」のページを見ると、麻酔＝anesthesia、鍼《はり》療法＝acupuncture、指圧＝acupressure、動脈硬化＝arteriosclerosis などという単語が並んでいる。人間の器官名の訳語もいろいろと書いてある。胃は stomach、肝臓は liver というくらいはさすがに知っていたが、すい臓（pancreas）、食道（esophagus）、十二指腸（duodenum）などという単語まで井深さんが次々と口にすると、最初のころはそれにあたる英語を知らなくて、通訳している途中でよく往生したものである。

こういった医学用語はラテン語を起源とするものが多く、つづりも発音も難しい。もともと発音のあまり良くない私は難儀しながら、アクセントの置き方に注意して、相手にわかってもらえるようにゆっくりと発音した。当時、何度も繰り返して練習したおかげか、これらの単語の発音は今でもすぐに口をついて出てくる。前記の例でいえば、anesthesia（麻酔）は「アネスシージャ」（アクセントは中央の第3音節にある）、esophagus（食道）は「イサファガス」（アクセントは第2音節）といった具合だ。

英語の場合、発音もさることながら、どこにアクセントを置くかが大切である。極端な言い方をすれば、多少発音は悪くても、アクセントさえ正しければけっこう通じる。

東洋医学の概念の中には、西洋医学で使われている用語ではうまく表現できないものがあった。鍼（acupuncture）や灸《きゅう》（moxibustion）などにはそれぞれ対応する英語があって、英語を母国語とする人であればだいたいは知っている。だが、東洋医学で循環器系を総称していう「三焦《さんしょう》」とか、「気」という一種のエネルギーで病気を治療すると言われている「気功」などには、それを端的に言い表せる言葉が見当たらず、うまく意訳するしかなかった。私の場合、「三焦」はthe circulatory system including blood vessels and lymph glands（血管やリンパ節を含む循環器系。ただし、実際には少し違う概念らしい）、「気功」はQi-Gong, or a Chinese traditional medical treatment which uses a type of mental energy（チーゴン〔中国語の発音〕、つまり一種の精神エネルギーを使う中国の伝統的な治療法）などと説明的に訳しながら、相手の表情を見ては、何となくわかってくれたかどうかをそのつど確かめていた。その後、「三焦」にはtriple warmとかいう訳語があると聞いたが、この言葉で普通の英米人にわかってもらえるかどうか……。

通訳をしていて本当に困ったことがある。当時、井深さんは、東洋医学の医師であるP先生を韓国から招聘《しょうへい》して研究を進めていた。このP先生、脈を取るだけで相手の病気から何までピタリと当ててしまう脈診《みゃくしん》の名人だったが、困ったことに、脈を取った相手のうち三人に一人くらいに「あなたはガンです」と平然と言ってしまうのである。これをそのまま直訳すると、宣告を受けた相手は真っ青になってしまうので、それを通訳するときは説明に苦労した。

実は、P先生の言う「ガン」とは、通常使われている意味のそれではなくて、たとえば食生活の乱れなどで消化器系に脂肪粒が蓄積したような状態をいう。つまり、「そのような状態をそのまま放っておくと、10年後くらいにはガンになる危険がありますよ」という程度の意味で言っているのだ。ところが、韓国人のP先生はカタコトの日本語しか話さないので、そのような説明もしないまま、いきなり「あなたはガンです」と宣告してしまう。彼がその言葉をお客様に向かっていうたびに、私はヒヤヒヤしながら、その言葉の概念の違いを数分間、説明する羽目になった。

ところで、井深さんから東洋医学の話を聞かされたお客様の反応はどうかと言うと、みな興味津々《しんしん》、といったところであった。特に、井深さんと同年代のお客様なら、多かれ少なかれ、長寿とか健康などの問題に関心を持っていても不思議ではない。そういえばその昔、長命を保って江戸幕府を開いた徳川家康は漢方薬を自分で調合するのが趣味だったというが、その話を思い出させる。

井深さんが「まだ開発段階だが……」と言って新しい診断装置を見せながら「こういう診断例がある」などという話をすると、誰もが真剣な顔で聞いていた。それを見るにつけても、井深さんという人は、まさにコミュニケーションの天才である。井深さんが次々と繰り出す面白い話に、相手がどんどん引き込まれていく様子がよく見てとれた。

そういう状況だったので、私の通訳が多少ヘタであっても、周囲からあまり気にされなかったのはとても助かった。コミュニケーションでいちばん大切なのは話の内容だ。内容のある話であれば、言葉や表現が多少稚拙であっても、それはたいした問題にはならない。

他人がやっていることを、まるで評論家気取りで面白おかしく語るのは、そう難しいことではない。誰かがやった仕事をそのまま踏襲《とうしゅう》するしか能のない人もたくさんいる。しかし、つねに新しいものに興味を示し、自分のテーマとしてそれを追求していくような意志や才覚を持った人は、そう多くはいない。

そして、そういう人が語る言葉にこそ、多くの人々が真剣に耳を傾ける。これから日本の社会にますます必要なのは、そういう意味でのコミュニケーション能力を持ったリーダーではないだろうか——当時のことを振り返っては、ふとそういう思いにかられてしまう。

### 0歳では遅すぎる

ひところ、ナイフなどを使った青少年の凶悪犯罪がよく報じられた。生徒が勝手に教室を飛び出して授業が成り立たない「学級崩壊」などという現象も起きているという。かつて井深さんの教育論を何度も通訳した私は、そのような話を聞くたびに、井深さんのあの独特の持論に思いを馳《は》せる。

井深さんは、1969年に財団法人幼児開発協会を設立、また1971年には『幼稚園では遅すぎる』(英語名: Kindergarten Is Too Late) を著し、かなり前から早教育の重要性を指摘していた。簡単に言えば、昔から俗に「三つ子の魂百まで」というように、人間の才能や性格は3歳くらいまでに形成されてしまう、だから子どもの教育は早い段階から始めなければならない、というのが井深さんの主張である。この本は、英・独・仏・中などの各国語に翻訳され、井深さんはソニーの創業者としてだけでなく、教育家としても世界に知られるようになった。

私が井深さんの英語屋をしていた1980年代の後半には、井深さんの興味の半分はすでに東洋医学の分野に移っていた。だが、「教育家」としての井深さんにぜひ話を伺いたいという人々が、世界各国から東京のソニー本社を訪ねてきた。遠路はるばる会いに来た海外からの客人を迎えて得意の教育論を展開する井深さんは、本当に楽しそうだった。

『幼稚園では遅すぎる』を読んで感銘を受けてくる来訪客に対して、井深さんは開口一番、まずこう言って相手を煙《けむ》に巻いたものである。

「あれから、私の考えが進んでね……3歳っていうのはもう遅くて、教育は、子どもがまだお母さんのおなかの中にいるときから始めないといけないんですよ。『幼稚園では遅すぎる』は、もう遅すぎるんでね…… ("Kindergarten Is Too Late" is too late!)」

そう、井深さんが理想とする教育の出発点は、3歳どころか0歳を通り越し、「胎教《たいきょう》」にまで進んでいた。たとえば母親が妊娠中、胎児にクラシック音楽を聞かせるとよいという、あれだ。子どもに仮の名前をつけて、おなかに向かって呼びかけるのもいいらしい。逆に母親が妊娠中に強いストレスにさらされたりすると、子どもの性格にも悪影響があるという。

井深さんの教育論は、胎児やら0歳児が中心だったから、通訳をしていると「トイレのしつけ」がどうこうという話なども出てきて、最初はちょっと閉口した。当時まだ独身だったわが身にはまったく縁のない話だったので、幼児や出産に関する英語表現を一から勉強しなければならなかった。

赤ちゃんのトイレのしつけの話になったときに、「おしめ（diaper）」という英語がわからなかった私は思わず、something like Pampers（パンパース［おしめの商標］のようなもの）などと言い換えてごまかしたこともある。今となっては笑い話だが、何とも頼りない通訳だった。

本から得た知識や幼児開発協会での実験結果を引用しながら、早教育によって引き出される幼児の潜在的な能力について説く井深さんの話は、聞き手の興味をよく引きつけた。それは通訳をしている私にとっても面白かった（＊3）。

1985年、井深さんは『あと半分の教育』と題する本を出した。副題は「心を置き去りにした日本人」。戦後の日本の教育に道徳面が欠けていたことに警鐘を発し、「人づくり」のための「あと半分の教育」の必要性を説いた。そして翌1986年には、井深さんが生前、自分の幼児教育論の集大成と位置づけていた『0歳――教育の最適時期』を世に問う（＊4）。

この本が出たころを境に、井深さんの研究テーマの中心は、東洋医学のほうに移っていった。なにしろ発明家肌の井深さんは、ひとつの形ができてしまうと、さっさと次の関心事へと移ってしまうのだ。

井深さんが提起した問題の重要性や面白さに世間の人々が気付くのは、かなりの年月がたってからだ。ソニーにおけるトランジスタラジオやVTRの商品化にしても、井深さんの着想は、誰もまったく思いつかないか、または「そんなもの、作ったって売れないよ」としか思わないような時代にすでに生まれている。

井深さんが幼児教育の重要性をさかんに唱えていたころに生まれた世代の子どもたちは、いま多感な思春期を迎え、心の病に悩んでいる者も少なくないようだ。あの当時、世の教育関係者や親御さんが、井深さんの提言をもっと真剣に受け止め、実践していたら……と思ってみたりもするこのごろである。

井深さんが早すぎたのか、それとも世間が遅すぎるのか。

(＊1)『週刊新潮』1995年9月28日号、145～149ページ。

(＊2) 実は、この東洋医学研究のほかに、ソニーにはかつて「ESPER研究室」という組織があって、そこで人間の超能力が研究されていたことがあった。「オカルト」という見出しがつけられた理由もそこにあるのかもしれない。しかし私の知る限り、その研究室で行われていたのは科学的な実証実験であって、けっして黒魔術のようなものではなかった。

（＊3）当時、私が通訳した話の一部を再現したものを本書の第12章「ボクの通訳プレイバック」に掲載しておく。

（＊4）『あと半分の教育』『0歳――教育の最適時期』はいずれも発行当時の書名（ごま書房）。

# 第8章　「井深さん流」英語上達法

## 井深さんの発明した英語学習機

幼児教育に対する井深さんの情熱は、ソニー製品にもなって現れた。1976年に発表された「トーキングカードシステム」は、その後長きにわたって、幼子《おさなご》を持つ親御さんたちや幼児教育関係者の人気を博した。

今日の技術水準から見ると、トーキングカードはごく原始的な製品に過ぎない。磁気テープを貼った厚紙のカードを専用プレーヤーのスロットに通すと、あらかじめ録音された数秒間の音声を再生する。たとえば、カードに動物の絵が書いてあればその鳴き声を聞かせてくれるし、漢字や英単語ならその読み方や発音を教えてくれる装置である。いわば、音入りの絵本のようなものだ。ちょっと見た目には、どこにでもありそうな教育玩具で、実際、外国製の類似品も何度か見かけたことがある。

トリニトロン方式のカラーテレビやウォークマン、家庭用VTRといった当時のソニーの主力製品に比べると、このような教育用機器の売り上げなど微々たるものだっただろう。ただ単に利益を追求する企業姿勢からは、このような製品は生まれてこないかもしれない。こういうものまで自ら推進して製品化するところが、いかにも井深さんらしかった。

後年、カードを1回通すだけで、ICメモリに録音された音声が何度も繰り返し再生される「リピートラーニングシステム（通称：リピーター）」が加わり、幼児向けだけでなく、学生や一般向けの外国語学習教材も出揃《でそろ》った。このような製品の企画・製造・販売を担当していた教育開発準備室に私が配属されたのは、その発売後まもなくのことである。

井深さんまわりの英語屋の仕事だけでは時間が余っていた私は、井深さん自身の発案になるこの教育機器関係の仕事も兼務していた。もともと、大学生のころから英語のサークルに入ったり、英語の家庭教師や教材作りのアルバイトなどをやっていたので、教材の制作や営業の仕事もけっこう楽しんでやっていた。

当時、リピーターの効用を熱心に説いて回った私の姿を見た会社の同期の連中は、「浦出はたしか名誉会長の秘書のような仕事をやっているとか言っていたのに、英会話の教材を勧めに来ていたなあ」などと不思議がっていたが……。

新学期直前のシーズンには、書店の店頭で商品説明員の仕事もやった。巷《ちまた》には英会話のテープ教材があふれていた時代だったので、市場での競争もなかなか厳しかったが、トーキングカードやリピーターは、1セット数万円の商品であるにもかかわらず、店頭に1日立っていれば、少なくともひとつやふたつは必ず売れた。1日で7、8セットを売った日もあった。

そういえば、閉店時間になって、隣の展示コーナーに立っていたテープ教材会社の説明員が「いいですねえ、そちらはよく売れて……」と声をかけてきたことがある。「あちらは1個も売れない日があるらしい……」などとちょっと気の毒に思いながら、笑いをこらえていた私だった。

実のところ、トーキングカードやリピーターに興味を示したのは、小さな子どもが多かった。リピーターを初めて見る大人は、「いったい、どこがいいのかなあ……」という表情を浮かべることもあった。しかし、幼稚園に入るか入らないかくらいの幼児なら、右から左へと移動しながら音声を発するカードに、まさに興味津々《しんしん》といった表情を見せた。

そこで私は、子どもが展示コーナーのそばを通ると、これ見よがしにカードを再生して聞かせた。すると、面白いように子どもが寄って来る。少し離れたところから親が呼んでも、なかなか去ろうとはしない。私はちょっと、縁日の屋台のおじさんのような楽しい気分を味わうことができた。

どうやら、大人があまり興味を示さない「繰り返し学習」も、旺盛な好奇心を持つ子どもなら、理屈抜きで面白がってやるようだ。子どもはよく、テレビのCMソングやアニメの主題歌を飽きもせずに何度も繰り返し聞いては、いとも簡単にそらんじてしまう。そのような無条件の好奇心こそ、言葉を覚える早道なのだろう。

ところで、井深さんのそばに仕えてしばらくしてから、少々驚いたことがある。齢《よわい》80を過ぎる井深さんが、少しずつではあるが、英語の語彙《ごい》を増やしていたのである。

たとえば、井深さんの言葉を通訳する際に私が使った言葉を、本人がじっと聞いていて、その次に自分が英語で話す機会があるときに使ってみるのである。その旺盛な学習意欲には、まだ勉強すべき年代である20代だった私も舌を巻いた。

私が英語屋をやっていた当時の井深さんの関心事は、前述の通り東洋医学と幼児教育にあったので、もともとの専門であった電気の話はほとんど出てこなかった。ところが、ある人との話の最中にたまたまそのような話になると、井深さんは「あ、ここはいいよ」と言って、ペラペラと英語で説明を始めたのである。それから10分ほどの間、私は呆然としてその光景を見ていたが、何となく納得できた。ソニーの草創期、井深さんは当時発明されたばかりのトランジスタの特許使用権を取得するため、単身で渡米していた時期がある。アメリカではもちろん、現地在住の日本人などにも通訳を頼んでいたようだが、もともと自分の身の回りのことくらいは英語で説明できる人なのだ。

井深さんはよく、通訳をし終えた私にこのようなことを言った。

「知識を『身につける』というのに、acquire という動詞を使うとしっくりいくね……」

「この場合はcorrect（正しい）というより、precise（精密な）と言いたいんだよ」

また、下手な通訳の私を励ます意味もあったのだろうが、秘書の倉田さんが私にこう言ったことがある。

「浦出さんが、次はあの言葉をどう通訳するのか楽しみにしている、と井深さんがおっしゃっていたわよ……」

どうやら井深さんは、私のような英語屋をそばにおいているにもかかわらず、自分自身で「これを英語でどう言えばよいか」という問題意識をたえず持っていたようだ。

ソニーでは、盛田会長（当時）が「英語の堪能な財界人」として名高かった。会長は、会社の行事や財界活動などで英語でスピーチをする機会が頻繁にあったが、その卓越したカリスマ性も手伝って、本当によく聴衆の耳目を引きつける名演説だった。その会長にしても、英語を学び始めた年齢はそれほど早くないという。自分が言いたいことを英語で語りたいという情熱や問題意識が十分にあれば、多少年齢の高い人でもコミュニケーション能力としての英語を上達させることができるのだろう。

井深夫人もそうだった。私が異動してきたころは、外国人のお客様とはそれほど言葉を交わしていなかったのに、しばらくして気付いてみると、日常会話の定型表現をいくつか口にするようになっていた。

仕事で井深さんの自宅に伺ってみて、井深夫人の英語上達の秘密がわかった。居間のソファーの上に、リピーターとそのカード一式が無造作に置かれていたのである。リピーターを最もよく活用していたのは、他の誰でもなく、井深さん夫妻だったのかもしれない。

## 「ボク流」英語上達法

ここでついでに、会社員になったばかりの私が英語に取り組んだ方法について、もう少し触れておこう。

第1部でも書いたが、中学校以来、私はずっと英語に接し続けてきたつもりだ。しかし、社会に出ると、必要な英語の種類もまた変わってくる。会社に入って最初に難しいと思ったのは、電話で使う表現だった。

実を言うと、ビジネスで使う電話の会話は、新入社員当時の私には、たとえ日本語であっても、けっこう難しかった。

「そのまま（電話を切らずに）少々お待ちください」と言って「保留」ボタンを押し、本人を探してみたところ見当たらないので「ただいま席を外しています。何か申し伝えておきますか？」と相手に聞き、そのメッセージをメモにとって本人の机の上に置く——こういう単純な応対でさえ、会社に入ったばかりの私にはなかなかうまくできなかった。

だが、こういった定型パターンの会話は、いったんマスターしてしまえばそれほど難しくない。それは日本語であろうと英語であろうと同じことである。たとえば会社で、私以外の誰かに英語で電話がかかってきても、8割くらいは次のようなパターン通りの会話で終わってしまった。

相手　May I speak to Mr. Yamada, please?（山田さんをお願いします）

私　Hold on, please. . . . I'm afraid he's away from his desk at the moment. Would you like to leave him a message?（そのままお待ちください……いま席を外しています。何か伝えておきましょうか？）

相手　Would you ask him to call me back? This is David Jones.（折り返しお電話をいただけますか？　デービッド・ジョーンズです）

私　［メモしながら］Mr. David Jones. . . . OK, I will tell him to call you as soon as he's back.（デービッド・ジョーンズさん、と。わかりました。戻りましたら電話させます）

相手　Thank you.（ありがとう）

勉強のポイントは、ここに掲げたような、ある場面における一連の会話の流れをそのまま暗記して使うことだ。もちろん、状況によっていくつかパターンはあるが、それらを一通りマスターしてしまえば、それほど難しいことではない。

通訳する場合も、基本は似ている。特に私のように特定の人に仕える専属の英語屋の場合、その本人の話には同じ内容が何度も出てくる。初めて通訳するものは難しいが、同じような話を繰り返しているうちに、しまいにはそらでやれるようになる。井深さんも私が慣れていく様子をよく観察していて、英語屋として務めていた最後の時期には（面倒になったのか）自分では話さずに、「例のあの話ね、あれをちょっと説明してあげてください」と言っては、私に全部英語で説明させることさえあった。

英会話を学ぶための教材は、自分が気に入ったものであれば何でもよい。もちろん、話し言葉をマスターする以上、カセットテープやＣＤなどの音声教材（またはビデオ教材）を使う。私の場合は、カセットテープのついた市販の英会話教材で、短いダイアローグが百個くらい入ったものを買ってきては、それをウォークマンなどで何度も聞いて、ほとんど全部暗唱した。何十万円もする訪問販売の教材の類《たぐい》ではなく、書店の店頭で数千円で買える程度のものだ。通訳のような仕事をするならともかく、定型表現の会話をマスターするだけならこれで十分だと思う。

どちらかといえばスピーキングよりもヒアリングのほうが難しい。ある程度若い時期に英語の音を浴びるように聞いた経験がなければ、年齢を重ねてから聞き取るようになるのはちょっとしんどい。これがために、英語屋をやっていた当時の私もずいぶん難儀した。

洋画が好きなら、日本語字幕つきの映画などを見るのもいい。「字幕は見ない」などと頑張る人もいるが、まったく聞き取れないものをいくら聞いても意味がない。また、自分にとって面白くない映画を漫然と見ていても効果はあがらない。何度見ても飽きず、ラストシーンのせりふなどそらんじて言えるくらい好きな映画を選ぶといいだろう。

最近はあまり映画を見なくなった私だが、独身時代は『カサブランカ』のような古いアメリカ映画が好きで、ビデオにとっては飽きずに何度も見ていた。有名な台詞《せりふ》が出てくるラストシーンのダイアローグは今でもよく覚えていて、ときどき口にしては妻に笑われている。要は、自分が必要性を感じている、または興味を持てる（両方ならなおよいが）ものを教材として使うことだ。

ただし、いくら興味を持てるからといって、アダルト小説やポルノ映画ばかりを教材として使うのはちょっと考えものかもしれない。その類の「教材」によく出てくる表現を覚えても、たとえば実際のビジネス社会で使える状況はないだろう。

英語も所詮《しょせん》、コミュニケーションの道具に過ぎない。そういう観点から割り切るなら、相手の言うことがどうしても聞き取れない場合は、別な発想もある。

たとえば、電話で相手の言うことを9割がた聞き取れる場合は問題ないが、逆に9割も聞き取れない場合は、いくら頑張ってみたところでコミュニケーションは成り立たない。そういうときは、いっそのこと「私はあなたの言っていることが聞き取れません。ファックス（または電子メール）で送ってください」という表現だけ覚えておいて、そう言ってやったほうが話は早い。よほど英語ができる人でも、たとえば自分のオフィスまでの道順を教える場合は、電話で説明するよりもファックスで案内図を送ってあげたほうが速いし、そのほうが相手も楽だ。別に「話し言葉」にこだわることはないのである。自分の会話能力をよく見極めた上で、それに見合ったコミュニケーション手段を選べばいい。

「英会話を勉強する」こと自体が目的化して、たえず手を替え品を替えて膨大な費用をかけながらさっぱり上達しないという方もいるようだが、そういう人は、目標をよく絞り込んで、それを達成するのに自分に適した手段を探すことだ。

# 第9章　井深さんへのファンレター

## 井深さんを動かした一通の招待状

ソニーのトップともなると、本人が個人的に知らない人や会社などから実に様々な手紙が送られてくる。一見して明らかにダイレクトメール（DM）だとわかるものなら、開封すらしないでそのままゴミ箱に放り込めば済んでしまうところだが、なかには信書らしく見えるものもあって、返事を出すべきものとそうでないものとを見分けるのに、けっこう手間取ることがあった。

井深さんの海外関係の通信事務を担当していた私のところには、横文字でMr. Ibukaと宛名が書いてある手紙がことごとく回されてきた。なかには"Mr. Ibuka, Sony, Tokyo, Japan"としか書いていないものさえある。それでも届いてしまう以上、開封してみなければならない。

よく見かけたのは、寄付依頼の手紙。怪しげなものは無視してしまうが、教育関係や社会福祉関係など、井深さんのライフワークに関係がありそうな内容のものは、ごく短い抄訳《しょうやく》をつけて井深さん本人の目に入れた。「興味があるのでもっと詳しく読みたい」と言われたら、改めて全訳したものを出すことにしていたが、しかしそういうことはめったになかった。

だいたい、その年度の会社の寄付予算と拠出先はすでに決まっているので、たとえその会社のトップに「直訴」の手紙を送ったところで、どうにもならないことが多い。第一、このような寄付依頼の手紙を出すなら、相手の会社の正規の担当部門を確認した上で、そこに対して出すべきだろう。社会貢献事業は、本社ではなく別の財団が担当している場合も多い。何でもかんでも会長や社長の名前を書いて出せばいいというものではない。

名前さえまったく聞いたことのない大学から「あなたに名誉学位を差し上げたい」などという手紙もよく来た。これはほとんどの場合、一種の商売だ。手数料として何千ドルを払ってください、などと書いてある。隣に座っているケネディさんに聞いたところ、アメリカにはこういう商売をやっている「大学」がよくあるらしい。

「今年の○○賞を差し上げたいので、記念講演をしに来てください」という手紙にも怪しいものが多い。誰でもいいから有名人をタダで呼んで、その団体の行事に箔をつけたいという意図が見え隠れしている。この類《たぐい》の手紙は、全部ゴミ箱に直行。

ソニー製品を持っているお客様からの意見や質問の手紙などもよく来た。本来なら、お客様ご相談窓口に行くはずの手紙だが、どういうわけか宛先が「井深様」になっているのがあって、私のところに回ってきたのである。

寄付依頼やクレームの手紙は、それぞれ担当の部署に転送すれば一応は済んだが、対応にちょっと苦慮したのは、子どもたちからのファンレター。ソニーの創業者である井深さんへのあこがれをつづった手紙を何度か受け取った。しかし、このような手紙に対応してくれる部署はなかった。

「何か返事を出さないと、この子の夢を壊してしまうのでは……」などと心配した私は、その手紙の抄訳をつけて、秘書の倉田さんと相談しては、できる限り井深さんの目に入れ、適当な返事を出してあげるようにした。

当時は「ベルリンの壁」が崩壊し、東欧諸国の自由化が始まった時期だったということもあって、その地域の子どもたちから手紙がよく来ていた。なかには、「ソニーのビデオが欲しいのですが、僕の国の通貨でも買えるでしょうか」などという切実な質問もあった。海外のお客様からの問い合わせに対応する部署の担当者に聞いてみたところ、「その国からはこちらにも、月に30通くらいはそういう手紙が来ていますよ。『ビデオを買うお金がないのですが、寄付してもらえませんか』といった内容の手紙もよく来ています」という返事だった。

「世界の著名な財界人のサインを集めています。写真にサインを入れて送っていただけないでしょうか」と手紙に書いてきた、ちょっと風変わりな趣味の子どももいた。どうしようかな、と思って井深さんの意向を確かめたところ、「サインしてあげよう」ということになった。そこで、広報室から新聞発表用の白黒写真をもらってきて、井深さんがそれにサインを入れたものを送ってあげた。

こういうファンレターのような手紙は、ある程度有名な企業のトップにはけっこう来ているのかもしれない。しかし、忙しい会社なら、いちいち返事を出さない場合もあるだろう。他の会社はどのように対応しているのかなあ。当時のことを振り返ると、今でもふと疑問に思うことがある。

ところで、見知らぬ人から突然、何かを依頼する手紙をもらったとしても、多忙な企業のトップがそれに簡単に応じる可能性は少ない。各種のパーティーなどへの招待が来ても、先約が入っているなどの事情で、結局はお断りの返事を出すしかない場合が大半である。

だが、内容や表現に優れた手紙は、時として相手を行動に駆り立てることがある。都内の某工業高校から学園祭への招待状が井深さんに来たときのこと。その手紙を読んだ井深さんが、日程の合間を縫ってその学園祭を見に行きたいという。当時、JRの鉄道総合技術研究所の会長も務めていた井深さんは、リニアモーターカーの技術に大いに関心を持っていたが、そのとき来た手紙の内容は、折良く「学園祭でリニアモーターカーの実験模型を展示しますので、ぜひご覧ください」というものだった。しかも、その手紙は誠意にあふれる文章で書かれていて、学生離れした表現力だな、と思えるほど上手なものだった。

秘書の倉田さんいわく、

「まったくねえ、学園祭を見に行きたいなどとおっしゃるなんて、びっくりだわ。『優れた文章は人を動かす』などというけど、本当ねえ」

型にはまった手紙や、自分の主張ばかり書いた手紙では、相手の心をつかみ、その人を動かすところまではいかない。しかし、手紙の文章が相手の関心事――または、よくある表現を借りて言えば、読み手の「心の琴線《きんせん》」に触れるようなものであれば、その相手に「これはぜひやらなければ」と感じさせることがある。この学生さんからの手紙の一件で、文章が持つそのような力を改めて思い起こした。

**「殿様の命令で来た」**

この仕事に就いたばかりの1986年の夏のこと。福島県の磐梯《ばんだい》山麓で開催された「福島国際セミナー」に井深さんが出席することになり、「カバン持ち」として私がついていった。

なにしろ多忙だった井深さんは、自分が興味を持っている幼児教育や東洋医学のテーマで講演する場合でもない限り、有名人を何人か呼んで話をさせるだけの文化交流を目的としたこの種の行事にわざわざ出かけることはあまりなかった。このときも別に出番があったわけではないが、それでも井深さんはけっこう、乗り気で出かけていった。

その理由は、地元テレビ局のちょっと可愛い女性アナウンサーからインタビューを受けたとき、井深さんが上機嫌で語った次のような言葉で明らかになった。

「実はね、私の先祖は会津藩士なんですよ。こちらの松平知事が会津の殿様の末裔《まつえい》だというので、殿様の命令では私も断れなくて……」

何とも茶目っ気たっぷりな返答だったが、井深さんも半分ぐらいは本気でそう言ったのかもしれない。

井深さんも内心は、「自分が出席する意味はあまりないなあ」などと思っていたかもしれない。しかし、「殿様の命令だから……」などと冗談めかして答えた言葉の裏には、わずかでも縁のある地方の振興に協力してあげたいという気持ちがあったのではないだろうか。

ちょっとしたご縁や頼み方で、案外、人は動くものだ。

さて、その知事さんの人脈が物を言ったのだろうか、このセミナーには、日本研究で名高いロナルド・ドーア教授（ロンドン大学）など数多くの文化人が出席していた。

セミナーでの通訳はすべて主催者側で手配した同時通訳者が担当していたから、私のほうも英語屋としての出番はまったくなし。私の仕事は文字通り「カバン持ち」と配車くらいだった。

仕事らしい仕事といえば、あったことを逐一、記録しておいて、東京の本社にいる秘書の倉田さんに報告するだけだった。たとえば、報道関係からインタビューを受けたら、相手の会社名や話の概要をメモして、電話やファックスで東京の本社に伝えておく。場合によっては、本社の広報室に連絡しておく必要があるからだ。

ところで、出先で難しい話を持ち出してくる人がたまにいる。この出張先でも一人、そういう人がいた。人事や組織に絡んだ打診など、それとは全然関係のないような文化行事の合間に持ちかけるような話でもなかろう……と私などは思うのだが、相手にしてみれば、なかなかアポイントメントを取れない井深さんに「直訴」できる、またとないチャンスなのだろう。

もっとも、きちんと根回しができていない以上、このような話を唐突に持ち出してきても、たいてい言下に断られる。相手が喜ぶような話であればともかく、相手を当惑させるような打診を不意打ちのように出してきたところで、かえって逆効果だということを知るべきだろう。

カバン持ちの私としては、このような話にも耳をそばだててメモしておき、すぐに秘書の倉田さんに報告する。これも、あとあと面倒なことにならないようにフォローしてもらうためだ。ほうっておくと、相手は「井深さんがＯＫした」などと吹いて回らないとも限らない。

とはいえ、そのあたりにだけ注意しておけば、あとは私ものんびりできた。どのような不審人物がいるかもしれない都市部のホテルとは違って、このような山中ののどかなホテルでは、安全上の問題もそれほど気にしなくてよい。

昼休みには、ホテルの美しい裏庭に出て、湖面を眺めながら他の出席者と世間話などをして過ごした。こんな出張もいいもんだ……。

## 忘れ得ない人々・その2　大企業トップの秘書

### ベテラン秘書の存在感

井深さんの英語屋をしていた当時の話で最も忘れ得ぬ人といえば、秘書の倉田裕子さんである。

私が異動してきた当時、倉田さんはもう何年も井深さんの秘書を務める大ベテランだった。いわばキャリアウーマンのはしりで、その卓越した人格・教養・判断力などどれひとつとっても、そこらの凡庸な男性管理職など足下にも及ばないくらいだ。

私が倉田さんに初めて会ったのは、井深さんの英語屋にならないかという打診を受けて面接に行ったときだったが、「大企業のトップの秘書とはこういう人か」という強い印象を受けたものである。落ち着き払った丁重な言葉遣いと穏やかな表情の中にも、その態度には凛《りん》とした威厳のようなものが漂っていた。

井深さんには、ほかにもう一人若い女性秘書がついていたが、倉田さんは会社の内外からかかってくるおびただしい電話や面会の応対で毎日忙殺されていた。井深さんのスケジュール調整はもとより、いろいろな相談事で倉田さんを訪ねてくる人も少なくない。当時の倉田さんは、本当に気の毒なくらい忙しそうに見えた。

倉田さんは仕事の達人だった。「これは英語の仕事だから、浦ちゃんの担当ね」などと言っては仕事を送ってくる。もちろん、仕事を振られるのは私ばかりではない。「これはあそこ、これはそこ」などと言っては、専門の各部署に上手に振ってしまう。

人間関係の把握はピカイチだと思った。誰がキーパーソンなのか、井深さんとどういう関係にあるのかといったポイントは、すべて倉田さんの頭の中に収まっていた。「カバン持ち」の仕事で私が井深さんについていくときにはいつも、特に大事な点だけインプットしてもらえた。

秘書のプロの技術とは、まさにこういうものだ。巷《ちまた》には秘書の養成講座とか検定試験のようなものもあるようだが、それだけではうまく計れない、何か特別な能力であるようにさえ思われる。

もちろん、倉田さんのような一流の秘書が生まれるのも、大企業という舞台での豊富な経験の蓄積があって、初めて可能になるのかもしれない。だが、仕事をする上で欠かせない基本的な能力や資質が備わっていなければ、そう簡単にトップの秘書など務まるものではない。

## 井深さんでも怒られる

レターなどを書く際の英語の表現に関して、倉田さんは、名誉会長にふさわしい「格調の高い」文章を求める以外は、それほど要求の多い上司ではなかった。表現については、過去の手紙やレターの文例集などを参照することもできたので、異動早々は不慣れだった私でも、時間さえかければ何とかなった。

問題は手紙の内容である。形式的なもので良ければまだ何とかなるが、井深さんの「心のこもった」ものにするためには、相当のやりとりがあった。特に困ったのは弔電を打つときだった。それまで、個人的な電報を出すときは電話帳の例文などを見て「弔電の何番でお願いしますね」などと言って済ませていた私は、電報など短ければ短いほど良いものだと思っていた。実際、相手との関係などによっては、あまりごちゃごちゃ書かないほうが良いというのもまたひとつの理屈である。

しかし、政治家や企業のトップクラスになると、弔電ひとつとっても、普通の人々と同じではいけないことがわかった。社会の重鎮であるからこそ、その人でなければ書けないような、心のこもったメッセージを送らなければならないのである。

大企業のトップとしての井深さんの威厳と格式を保つことについて、倉田さんは徹底的と言えるほど固執した。役員室の若手秘書などに、井深さんの立場を損なうような言動があった場合、倉田さんの態度はとても厳しかったように覚えている。

どちらかと言えばやんちゃなところがある井深さんは、外出先で「やっぱりこうしたい」と思いつくと、倉田さんに言わずに自分で電話をかけて予定をキャンセルしてしまうことがあった。そんなとき、それが大事な会議だったりすると、たとえ相手が井深さんといえども、倉田さんは烈火のごとく怒った。随行していた私にも「あなたが付いていながら、なんで会長さんにそんなことをさせるのよ！」などと、とばっちりがとんできたこともあった。

しかし、井深さん「個人」としては他にやりたいことがあっても、ソニーの名誉会長などという「公人」の立場では、勝手気ままな行為は許されない。責任ある秘書として、井深さんの公人としての立場や威厳を維持するためには、倉田さんがとったような厳しい態度もまた必要なのだということを私は学んだ。

その一方で倉田さんは、高齢の井深さんの顔色や健康状態をつぶさに観察しながら、けっして無理をさせることはなかった。数多くの役職を兼ねている井深さんのスケジュールはびっしりだったので、その調整には倉田さんも苦労が多かったようである。そのような倉田さんに、井深さんも全幅の信頼を寄せていたようだった。

井深さんに対してだけでなく、倉田さんは人から相談を受けると、まるで母親のように良い相談相手になってくれる。だから、倉田さんを訪ねてくる人は引きも切らない。

優れた秘書は、単なる「お茶くみ」でないことはもちろん、ただ事務的に行動する取り次ぎ係でもない。その存在は、いわば企業トップのために人間関係を円滑にして、組織を動かすための潤滑油のようなものである。潤滑油が良くなければ、機械は動かなくなる。そういう意味でも、井深さんの周辺には最上質の潤滑油が巡らされていた。

# 第3部　英語屋の卒業論文

# 第10章　お客様、ご案内〜！

## お出迎えのイロハ

井深さんのところには、内外から実に様々な人々が訪れた。昔からの友人や知人が来日する機会に会いたいと言ってくるのはもとより、各国の王族・政治家や駐日大使が国づくりのアドバイスを求めたり、またソニー草創期の歴史についてジャーナリストがインタビューをしに来たこともよくあった。

このような海外からの面会依頼の電話やファックスは、すべて私のところに回ってきた。私は先方の来訪希望日時や目的などを聞き出し、それを簡単な報告書にまとめて秘書の倉田さんに報告した。それを受けた倉田さんは、井深さんの意向を確認した上で、会おうということになったら面会の段取りを整えた。

その際、必ずチェックしておかなければならない次のような項目がいくつかあった。そこで私は、これらの項目を1枚にまとめた「面会チェックリスト」のフォームを作り、それに必要事項を記入したものを倉田さんに渡すことにした。

〈面会チェックリストの内容〉

(1) 面会場所までの送迎　(こちらから車を出す必要があるか、どこで出迎えるか)

(2) 面会日時と場所の設定　(本社の応接室でいいか、それとも別の場所にするか)

(3) おみやげ等の手配　(必要か不要か、必要だとしたら何を用意しておくか)

(4) ソニー側同席者の手配　(実務担当者にも同席してもらう必要があるか)

それぞれの項目について、その当時の経験から会得したコツのようなものをここで振り返ってみよう。

(1) 面会場所までの送迎

お客様が政府の要人や大企業の重役なら、それぞれの国の在日大使館やその会社の東京支社といった出先の機関が車を手配するので必要はない。しかしそうでない場合は、先方の希望もよく聞いた上で、宿泊先のホテルまで送り迎えの車(役員専用車またはハイヤー)を手配する。お客様とはだいたいホテルのロビーで待ち合わせるのだが、そこから車に同乗して会社まで案内するのは私の役目だった。

ロビーで出迎える時間は、井深さんとの約束の時間に十分に間に合うように早めに設定しておくのは当然だが、しかしあまり早く迎えに行ってもお客様に迷惑がかかる。特に相手が東京に着いたばかりなら、それなりの配慮が必要だ。ホテルにチェックインしてから、シャワーを浴びて着替えをするくらいの時間はとってあげたほうがよい。「何日の何時にロビーでお出迎えします」ということは、その人の来日前に連絡しておいた。スケジュールに急な変更があって約束の時間を変えなければならない場合などは、ホテルのフロントにメッセージを託しておくといいだろう。

ところで、初対面の相手を空港やホテルのロビーで探すのはなかなか大変だ。そこで、私の場合はよく、ソニーのロゴが大きく入った手提げ袋のような、何か目印になるものを持って行った。こうすれば、自分が見つけられない場合でも、相手がすぐにそれとわかってくれる。

名探偵のシャーロック・ホームズばりに、相手の経歴などの情報をあらかじめよく調べておけば、どれくらいの年代の人かなど、いくらか見当はつく。その人の著書などに顔写真が出ていれば、それを見ておけば完璧である。

待ち合わせ場所でそれらしい人を見つけたら、

"Excuse me, are you Mr. ________ ?" (○○さんでしょうか?)

などとやんわりと声をかける。そもそもホテルのロビーは待ち合わせに使う場所なのだから、相手に尋ねるのに気兼ねなどいらない。たとえ違う相手に声をかけたって、"Excuse me."（どうも失礼）と言えばそれで済む。このようにウロウロと人を探している私の姿を当の本人が見かけたら、向こうから声をかけてくれる。

どうしても相手が見つからない場合は、ホテルのベルキャプテンに頼めば、ベルボーイにその人の名前を書いたプラカードを持たせてロビーを歩き回ってくれるらしい。ホテルのロビーに行くと、そうやって人を探しているのをたまに見かけることがある（もっとも、私自身は頼んだことはないが）。

品川界隈《かいわい》のホテルなら、御殿山《ごてんやま》の本社まで車でせいぜい15分くらいだ。ただし一度、赤坂のホテルに泊まっていたお客様を本社まで案内したときに、大渋滞に巻き込まれて、会社まで1時間半以上もかかったことがある。このときはさすがに大慌てだった。その日はあいにく何組も来客が予定されていたので、会社に到着する時間が遅れると、他の来客との約束の時間と重なってしまう。このような場合は、自動車から秘書の倉田さんにすぐに電話で報告して、何とか日程を調整してもらった。はるばる海外から約束をとって井深さんに会いに来たお客様との面会を、渋滞くらいでキャンセルしてしまうわけにもいかない。しかし、ベテラン秘書の倉田さんの采配はさすがで、巧みにスケジュールを組み直してくれた。

車中ではたいした会話をする必要もなかったが、出迎えに来たスタッフとしてはまさかずっと黙っているわけにもいかない。ビジネス現場での会話の経験さえほとんどなかった私は、最初のうちは何を話したらよいかとちょっととまどったが、すぐに慣れた。……というよりも、たいていは相手のほうが社交上手だから、向こうから会話をリードしてくれた。

ここで、相手を出迎えてからどのようなことを話しながら案内したか、もう少し具体的に振り返ってみよう。

"Welcome to Tokyo. We will be meeting Mr. Ibuka in his office, so let me take you there. Right this way, please. . . ."（ようこそ、東京へ。井深氏がオフィスでお待ちしておりますのでご案内します。どうぞこちらへ……）

もうすぐ井深さんに会えるお客様のほうは、もう上機嫌だ。井深さんは元気ですか、とか、東京に来たのは何年ぶりだ、などと切り出してくるので、適当に話を合わせて相槌《あいづち》を打っていればよい。

会話が途切れてしまったら、たとえばその人のことを聞いてあげるとよい。こちらは相手の仕事や井深さんとのそれまでの付き合いなどを一通り調べて来ているので、そのあたりを話題の中心にする。

英会話の初級テキストの類《たぐい》を見ると、"Do you like Japanese food?"（日本食はお好きですか）などという質問も出ているようだが、いい年をしたビジネスマンが初対面の相手に何の脈絡もなく唐突にこのような質問をしたりすると、あまり知的な印象を与えないような気がする。

出迎えの途中でお客様と話しているうちに、相手の話す英語にも慣れてくるし、興味や関心の対象も把握できる。これは、そのあとで通訳をする私にとって貴重な予備情報となった。

場合によっては「今日は私が通訳にあたりますが、不慣れなものでご迷惑をおかけするかもしれません」などとそれとなく言っておいたこともある。下手な通訳であった私の言い訳がましいかもしれないが、こう言っておけば、そのお客様にはそれから井深さんと十分な意思疎通を図る上で重要な情報になる。つまり、「この通訳はそれほどうまくないのだな。それでは、少しわかりやすい英語で話さなければ……」などと思ってくれるというわけだ。われながらちょっと姑息《こそく》な根回しだったかもしれないが、円滑なコミュニケーションを第一目的とするなら、こういった工夫をしておくのもまたひとつの方法である。

## (2) 面会日時と場所の設定

ただ会って話をするだけなら、本社の役員応接室で十分だ。一般に、相手に敬意を表するという意味では、自分のほうから出向くのがマナーかもしれない。しかし、1日に何組もの来客と会う予定になっている井深さんのような企業トップの場合は、そうでもしなければ相手と会う時間が取れないことが多い。

もっとも、時間帯や井深さんのスケジュールなどの状況によっては、井深さんのほうから相手の宿泊先のホテルに出向いて、食事を一緒にしたりすることもあった。もちろん、その場合は、面会を約束する時点で「昼食（または夕食）をご一緒にしながらお話ししましょう」と言って約束を取り付けておかなければならない。

ちょっと難しいのは、お客様から「ついでにソニーの工場を見学したい」などと言ってきた場合。これについてはまたあとで述べる。

来日するお客様が井深さんに会いたがっているにもかかわらず、双方の日程がどうしても折り合わなくて面会できないこともよくあった。このような場合は、その相手が泊まるホテルに「せっかく来日されたのにお目にかかれず残念です。どうぞ日本での滞在をお楽しみください」といったメッセージを書き添えた井深さんのカードを差し入れておいた。相手や状況によっては、部屋に花とか果物を差し入れておくこともあった。

名誉会長室には、普通サイズの名刺のほかにもこのようなメッセージが書き込めるくらい大きめの専用カードも用意してあった。もちろん、そういうものがなくても、市販品のカードでも便箋でもかまわない。大切なのは、「あなたのことをけっして忘れてはいませんよ」というメッセージを伝える心遣いなのだから。

(3)　おみやげ等の手配

「おみやげ」はきわめて東洋的な習慣のような気もする。ただ話をしに来るだけのお客様にいちいちおみやげを出すのも変だし、実際のところ、特に用意しない場合も多かった。

しかし、わざわざソニー本社にまで足を運んでくださったお客様に、何か来訪の記念になるようなものを差し上げるのはけっして悪いことではない。ささいなものでも、けっこう喜んでもらえることが多かった。

手軽に渡すことができたのは、井深さんの著書や、その内容を英語で要約した小冊子。特に井深さんの教育思想の取材に来たお客様などにはぴったりだ。このような小冊子は常時、役員室の書庫に何冊かストックしてあって、井深さんから「あれを差し上げて」と言われたときにはすぐ出せるようにしてあった。

来訪者が高貴な方（いわゆるＶＩＰ）の場合には、それなりの品を用意しておく。ただしこの場合、あらかじめ先方のスタッフに「こういうものをおみやげに差し上げてもよいか」と確認しておく必要がある。

海外からのお客様に渡すおみやげを選ぶにあたって、特に気をつけたのは次の点だった。

1．相手が負担に感じるほど高価なものにはしないこと

「何かお返ししなければ」などという気遣いを相手にさせるのはかえって迷惑だし、また国や会社によっては、倫理規定などにより外部からもらうプレゼントの金額に厳しい制限を設けていることもある。

2．持って帰るのにかさばらないこと

海外から来たお客様の場合、これは言わずもがなだろう。お供がたくさんいて、運ぶのに何の不自由もない人ならともかく、単身、または夫婦だけで来日するお客様にはこういった配慮も欠かせない。この点から言えば、スーツケースの脇にでもちょっと入るような小さなものがベストである。

3．東京のソニーを訪ねたという思い出の品になること

おみやげにするには、会社のロゴが入ったギブアウェイ（giveaway　販促などに使う小さなプレゼント）があると便利だった。もっとも、これは選ぶのがけっこう難しい。「高価なものにしない」のが前提だとはいっても、会社のブランドイメージを損ねるような「ちゃちな」ものではいささか問題がある。

「ソニーにはいろいろな製品があるのだから、それをあげたらいいのでは？」などと思われる方もいるかもしれない。しかし、メーカーとして作っている製品は、原則的には「売り物」で

ある。その売り物をホイホイと安易にあげたりすると、いろいろと差し障りも生じる。たとえば、本来は売り物であるはずの製品を「ソニーでもらった」などという話がやたらと伝わったりすると、それを仕入れて売っている販売店やお金を出して買ってくださるお客様の手前、失礼なことにもなりかねない。また、細かい話になるが、有償で販売することを前提として在庫してある製品を無償のプレゼントに切り替えるのは、実は経理処理上もけっこう面倒である。そのため、会社の製品をおみやげとして使うことにはけっこう神経質な向きもあった。

しかし、単価の安いものをあらかじめ無償の贈答品としてストックしておけば、たいして問題にもならない。会社の製品で「おみやげ」としてよく使っていたのは、2、3千円程度のカードラジオだ。当時はすでに、名刺サイズの薄型ラジオでイヤホンを差して使うこの種の製品がけっこう出ていた。これなら前述した3条件にもぴたりと当てはまる。

もっとも、小売値で「2、3千円のもの」とはいっても、実務上はいろいろと細かい問題があった。今はどうか知らないが、私が仕事をしていた当時の役員室には、このような「おみやげ」を作り置きしておく予算がつかなかったように記憶している。会社組織とは「人事」と「予算」で動くものである。ところが、少なくとも私の理解するところでは、秘書という仕事には人事権も予算権もない。大企業の役員周辺は交際費など湯水のごとく使えると思われるかもしれないが（業界によっては確かにそうなのかもしれないが）、ことメーカーに関する限り、カネづかいについては実にこまめで厳しい。

そこで、このようなプレゼント用の小物については、営業部門が作った販促用のギブアウェイやイベント事務局が記念品として多めに作っておいたものを「おみやげ」用として少し分けてもらって使っていた。今から振り返ると、何とも涙ぐましい話である。

カードラジオの類は、ちょっとしたおみやげとしてけっこう喜ばれた。たとえ自分では使わなくても家族への手みやげにできるし、何台あっても別に困るようなものでもない。実際、「3人の子どもに1個ずつあげたいので、余裕があったらあと2つほど分けてもらえないだろうか?」などとお客様から言われたこともあった。

"Here's a small memento for you from Sony."(これはささやかなものですが会社からの記念品です)などと言ってお客様に渡したカードラジオは、文字どおり「ささやかな」ものであったが、前記のような観点から言えば格好の「おみやげ」だったと思う。

ここでちょっと蛇足を。電気製品を海外の人にプレゼントする場合、現地で使われている製品規格との互換性には十分に気をつける必要がある。電源コンセントの形からラジオの周波数帯からテレビやビデオの規格まで、国や地域によってそれぞれかなり違っている。日本国内向けに売っている製品を持っていってもうまい具合には使えないことがある(逆に、たとえば欧州で買ってきたPAL方式のビデオテープが見られなくて無念に思った人もいるだろう)。また、ボタン電池のように特殊なサイズの電池を使う製品の場合、国や地域によっては交換用の電池が入手できないこともあるので、これも注意が必要だ。秋葉原の電器店や国際空港の売店には、海外仕様のモデルを置いてある店があるので、こういったところで「どこどこの国で使えるもの」とはっきり指定して買うといい。

(4)　ソニー側同席者の手配

実はこの同席者の手配が、ある意味では最も大切だった。

井深さんがそのお客様の個人的な友人として会う場合は、いちいち会社のスタッフが同席する必要はない。しかし、そのお客様が、井深さんの公人（またはソニーのトップ）としての役割に期待をかけて来訪する場合は、その方面の実務に明るいスタッフに同席してもらい、しかるべき返事ができるようにしておく必要がある。

具体的には、商談や工場誘致などの話で来たお客様なら、その地域を担当している海外営業や経営企画の責任者、ソニーという企業に対する取材で来た報道関係者なら、広報室の担当者などにあらかじめ連絡しておいて、責任者（管理職）、または実務レベルで話のできる担当者に同席してもらった。

もっとも、たとえば工場誘致のような大がかりな投資を伴う話の場合は、様々な期待をかけてせっかく東京の本社まで来てもらっても、担当者1人が同席したところで、まず即答はできない。会社の経営判断に関わることだから、たとえ名誉会長といえども自分の一存では答えられないし、実のところ、お断りせざるを得ない話がほとんどだった。

とはいえ、井深さんのお客様である以上、話さえ聞かずに門前払いにしてお断りすることもまたできない。しかるべき責任者がきちんと話を伺った上で、会社としての回答を後日、改めて出すという手順を踏むのが礼儀である。

## 人の名前は要確認

いま当時の手帳を見ながら振り返ると、ソビエト連邦（現在のロシア連邦）やスウェーデンなどからは、実にいろいろなお客様が来訪した。スウェーデンからはカール16世グスタフ国王陛下がソニーに来臨されたこともある（第13章「国王陛下を笑わせろ！」参照）。井深さんが以前、これらの国々を訪問したとき以来のご縁らしい。特に当時のソ連は、ゴルバチョフ政権下でいわゆるペレストロイカ（改革）を進めていたこともあって、日本の民間企業との交流には熱心だったのだろう。

私はそれまで、ロシア人と話をしたことはなかったが、話してみると意外に（というと失礼かな）社交的な温かい感じのする人が多いという印象を抱いた。

さて、そのソ連の在日大使館の某公使が代表団来訪の打ち合わせに来たときの話。彼が会社の前に路上駐車してきたようだったので、「よろしかったら当社の駐車場に車を入れてはどうですか……」と私が言ったところ、相手はウインクしながら茶目っ気たっぷりにこう言ったものだ。「こちらはブルーナンバー（外交官用ナンバープレート。つまり、外交官の不逮捕特権があるから駐車違反をしてもつかまらない）だから、大丈夫だよ！」

ロシア人の話が出たところで人名のことについて少し書いておくと、手紙の宛先を書くときにふと疑問に思ったことがある。ロシア人の男性名の中央にある「……ッチ」というのは何だろうか。「たまごっち」というのは何年か前に流行《はや》ったが……。

たとえば、その当時のソ連の大統領はミハイル・セルゲービッチ・ゴルバチョフ（Mikhail Sergeevich Gorbachev）だし、かつてのロシア大統領はボリス・ニコラエビッチ・エリツィン（Boris Nikolaevich Yeltsin）だ。社内にいるロシア語のできる人に聞いたところ、このミドルネームのようなものは「父称」とかいって、父親の名前に「ビッチ」をつけたものらしい。つまり「セルゲービッチ」なら「セルゲーの息子」という意味だそうだ。女性の場合は、父親の名前に「ブナ」がつく。「イワンの息子」ならイワーノビッチ、「イワンの娘」ならイワーノブナとなるらしい。

なお、ロシア人同士の親しい間柄では、ファーストネームに父称をつけて「ミハイル・セルゲービッチ」などと呼び合うそうだ（これはわが愛読書の『ゴルゴ13』のどこかにも書いてあった）。

それから、インドネシアの人で国連大学の学長を務めたスジャトモコという方が亡くなったときに弔電を出そうとして、「はて、フルネームは何というのだろう？」と疑問に思ったことがある。紳士録（Who's Who）で調べても、「スジャトモコ」としか書いていない。もしかして「スジャ・トモコ」さんか？……などと思いながら、これも人伝《ひとづて》に聞いた話では、インドネシアなど東南アジアのいくつかの国々には、姓がなくて名前だけの人がいるらしい。

このように、いざ文書にすると意外なところに気がつくものだが、手紙の宛名や会合の席などで相手の名前を間違えると、失礼なことにもなりかねない。相手に秘書やスタッフがいる場合は、あらかじめ「念のため、正しいお名前のつづり（または発音）を確認させていただきたいのですが」などと言って教えておいてもらうのが良い。これはけっして失礼にはあたらない。むしろ、重要な席で相手の名前を間違えて呼ぶようなことがあったら、そのほうがよっぽど大変なことになる。

**「工場が見たい」と言われても……**

ソニーはエレクトロニクス技術の最先端を行く会社だから当然かもしれないが、「井深さんにお目にかかるときに、工場を見学したい」と言ってくるお客様も多かった。

しかし、工場見学の手配はそう容易ではなかった。工場側でも、受け入れの準備に時間と人手がかかる。それに、今日のソニーの工場は地方や海外に分散しているから、東京に来たついでにちょっと見学できる工場など、実はあまりなかった。

そこで、井深さんなどが工場見学の代わりによく使った手は、本社の一角にある展示スペースにお客様を案内し、そこで市販されている数々のソニー製品や時代の最先端を行く製品、または昔懐かしい歴史的な製品を見せながら話をする、というものであった。

この方法は実に効果的だった。特にメーカーの仕事にあまり詳しくないお客様の場合、よくわからない製造装置を難しい顔をしながら見て回るよりも、ソニー製品の完成品などを実際に手にとって見るほうがわかりやすいし、ずっと楽しんでもらえる。

その後、お客様が井深さんと懇談してから本社にあるこのような展示室にご案内するというのが、VIPによるソニー本社訪問の「定番メニュー」のようになった。「メディアワールド」と名付けられた放送機器や業務用機器の展示室には金子さんという親切な課長がいて、最先端技術には無知だった私に代わってお客様にあれこれと説明してくれた。

金子さんは、HDTV（高品位テレビ、いわゆる「ハイビジョン」）や静止画ビデオカメラの画像合成装置（いわゆる「プリクラ」のようなもの）、放送局用のビデオ編集装置などのハイテク装置を駆使して、お客様を楽しませる名人だった。英語での展示品の説明も実に巧みだし、面白い各種の素材を使ったデモ（実演）も交えながら話を進めるので、聞き手を飽きさせない。金子さんの巧みなデモの進め方は、若手社員の私にとっては本当に良い勉強になった。

このほかにも、ソニーは実に話題の豊富な会社だった。ある日、海外からのお客様を会社に案内したとき、たまたま井深さん自身の手による「ランドセル贈呈式」が催されていた。これは、翌年に小学校に入る従業員の子女全員にランドセルを手渡しでプレゼントするという、ソニーの伝統行事である。私はそのお客様を会場に連れていって、「これが従業員を家族のように大切にするソニーという会社のひとつの姿です」などと得意気に説明したものだ。

ソニーは、もちろん技術力や商品企画の面でも卓越《たくえつ》した会社だったが、それだけでなく、「お客様を楽しませよう」という考え方において一歩進んでいたように思う。

私自身は見る機会を逸したが、1985年に筑波で開催された科学博覧会でソニーが出品したのは、こまごまとした展示品の数々ではなくて、「ジャンボトロン」という縦横数十メートルの巨大なテレビ画面だった。時折、会場に来ていた人にズームインしては話題を呼んだそうで、これも井深さんお気に入りのプロジェクトだったらしい。お客様に楽しんでいただくというソニーの企業姿勢がここにも現れていたようだ。なお、この手のイベント会場用の大画面は、それ以降、他のメーカーも次々と商品化して、今では野球場や競馬場などでごく普通に見られるようになっている。

ソニー本社のショールームは一般には非公開だが、これと同様の製品展示は東京・銀座のソニービルや、大阪・心斎橋のソニータワーでも見ることができる。実は、こういった一般公開のショールームは、前述した本社の「メディアワールド」よりもはるかに前に作られたものだ。

ソニーがエクセレントカンパニーと呼ばれた所以《ゆえん》は、もしかしたらこんなところにもあるのかもしれない。

# 第11章　VIPが会社にやってくる

## VIP歓迎準備チーム結成

英語屋の仕事にもかなり慣れてきた1989年の秋のこと。わが国の外務省から「タイ国のガラヤニ・ワッタナ王女殿下が、来日する機会に井深さんに会いたいとおっしゃっている」という打診が来た。なんでも教育問題に深い関心を持っておられる王女が、タイ語でも出版されているという井深さんの幼児教育論を読んで興味を持たれたらしい。

ガラヤニ王女は、プミポン国王陛下の姉君にあたられる方で、当然ながら公賓級のVIP(Very Important Person　賓客)である。井深さんと会って話したいという個人的な動機から来られるとしても、ソニー本社にお迎えする以上、会社をあげて万全の歓迎態勢をとる必要がある。こういう超VIPの受け入れ準備は当然、私のようなペイペイのヒラ社員一人の手には負えないので、その道専門のベテラン社員から指示を仰ぐことにした。

幸い、当時のソニーには、VIP応接のスペシャリストである宮《みや》課長がいた。細かなことに気がつく一方、自分が信じることは歯に衣《きぬ》を着せずに言うこのベテラン課長は、しばらくVI

P担当から外れて社内で別の仕事をしていたが、相次ぐVIPのソニー訪問という状況下で、VIP応接のエースとして再登板していた。礼儀作法などまるでわからない私にとって、宮さんはとても頼もしい指揮官だった。

なにしろ世界企業のソニーだから、タイにも工場や販売会社がある。会社として歓迎する以上、その地域の担当者の知恵や情報も必要になる。そこで、アジア担当の営業部門からも実務担当者を出してもらった。一方、本社の展示室「メディアワールド」では、これも来客のおもてなしにかけては天下一品の金子課長が見学の手配を進めてくれた。このようにして、臨時の歓迎準備チームがスルスルッ、と簡単に出来上がってしまうところなど、有能な人材を数多く擁する大企業ならではのことであった。

当時のソニーにはさらに強力な重鎮が在籍していた。海外担当の理事（後に取締役）であった島津久永氏である。天皇陛下の妹君、島津貴子さんの夫君で、盛田会長（当時）が重役待遇でソニーに迎えていた人だ。

この人からいろいろと親切なアドバイスをもらえたのは幸いだった。なにしろ、天皇陛下の義弟である上に薩摩藩主の末裔《まつえい》という家柄だから、高貴な人々との付き合いが豊富である。宮さんたちと相談に行ったところ、「あの王女様ですね……お会いしたことがありますよ」とのこと。そこで「ご面識があるなら、当日は島津さんもぜひご同席ください」ということになり、私たちの歓迎準備チームはこの「お殿さま」を指導者として推戴《すいたい》することになった。

これは余談だが、後にNHKの大河ドラマに、西田敏行の扮する西郷隆盛が薩摩藩主の前でかしこまるシーンが何度も出てきたので、「西郷どん」と体型だけはちょっと似ている私は、その場面と自分の姿をダブらせては吹き出しそうになったことがあった。

この現代の「お殿さま」は気さくな人物だった。この歓迎準備チームの会議の席で、「昼食には何をお出しすればいいだろうか」という話題になったときのこと。その前日に天皇家主催の歓迎晩餐会があるという情報を得ていた私たちは、「ステーキが無難だとはいっても、もしかして前夜にもステーキが出ていたら不都合だろう。ましてや御所の晩餐会に出るステーキなどとは、比べものにならないだろうし……」などと悩んでいた。すると、島津さんが受話器を取って、「宮内庁に聞いてみましょう」と言う。一同が顔を見合わせているうちに、電話をかけていた島津さんいわく、

「前の晩はステーキにする予定だそうです。でも、先方は『なんでしたら、そちらに合わせてメニューを変えられますよ』と言っていますが、どうしますか？」

これには一同、へへーっと平伏してこう言った。

「いえいえ、おそれ多くもかしこくも、そのようなことなどお願いできません……」

しかし、島津さんのおかげで結局、昼食会のメニューは魚料理と決めることができた。

## 周到な準備

さて私の仕事は、例によって必要な情報を書いた連絡書を作成して井深さんや同席する役員に渡しておくこと、それに昼餐会のスピーチの下準備をすることだった。

このとき「事前情報」として井深さんに渡した私の連絡書には、だいたい次のようなことを1〜2枚程度にまとめて書いておいた。

(1) 来訪者の簡単なプロフィール（略歴）――タイ国王の姉君であること、ご年齢、話せる外国語（英語とフランス語）、趣味や関心事、来日の目的や動機など。

(2) 来訪者およびソニー側出席者全員のリスト――フルネームと肩書《かたがき》を日英両語で併記したもの。ソニー側の出席者のうち、島津理事が同王女と面識があることを注記しておいた。

(3) 来訪者の滞日中の全日程――ソニーのほかに、どういったところをどのような日程で訪問する予定になっているか。

(4) タイ現地におけるソニーの活動状況――いつどこに何の工場を作ったか、など。同じ年に、同国の王女の一人がタイにあるソニーの工場のひとつを訪問されていたので、そのことも書き添えておいた。

大企業のトップともなると、あまりにも忙しくて細かなことまでいちいち覚えていられないことがよくある。だから、前記のような内容を要領よくまとめた連絡書をあらかじめ手渡しておくのも、私の重要な仕事のひとつだった。

ところで前にも書いたが、外国人の場合は相手の名前や呼び方には要注意である。特に高貴な方の場合、それぞれ独特な敬称がある。このときは、王女に対してはYour Royal Highness（殿下）、また随行する駐日大使はMr. Ambassador（大使）またはYour Excellency（閣下）という呼び方でよかったが、そのほか随行していた賓客の中には、英語では表現できないタイ独特の敬称がついている人もいた。そういうことまでは素人にはわからないので、あらかじめ外務省の受け入れ担当者（または先方の大使館）に聞いて確認し、井深さんなどに渡す連絡書にはその呼称もあわせて書いておいた。

それから、歓迎スピーチの用意だ。私はプロトコール（外交儀礼＝後述）の教科書を参照しながら、話すべきポイントを箇条書きにしたメモを作っておいた。具体的には、来賓への歓迎の言葉に始まって、相手の国とソニーとのこれまでの関係を振り返りながら、将来も一層の関係発展を祈念しつつ私の挨拶とする――だいたいこういう内容が中心になる。

高貴な方をお迎えして通訳するのは私にも初めての経験だったが、このような儀礼的な場での歓迎の挨拶は、いわば紋切り型の内容だ。It is a great honor and pleasure for us all to welcome your Royal Highness. . . . (本日ここに○○殿下をお迎えしましたことは私ども一同にとりましてたいへん名誉なことであり、悦《よろこ》びに堪えません……) から始まって、言うことはだいたい決まっている。

幸い、何年か前にイギリスのチャールズ皇太子が日本の国会でスピーチをしたとき録画しておいたビデオに衆参両院議長の歓迎の挨拶を英語に通訳した場面があったので、それも参考にしながら、どういう表現を使って通訳すればよいのか自分なりにシミュレーションをしておいた。

井深さんは、こういう紋切り型の挨拶に満足することなく、よく「アドリブ」を入れる人だったが、公賓級のお客様を前にしたフォーマルな歓迎スピーチではそれほど脱線することはない。こちらで「予習」した通りに通訳すればトチらずにできるはずだ。

あとは食事中に井深さんが話題にすると予想される教育論だけだが、これについてはもう何度も通訳して慣れていた。

海外から王侯貴族などの賓客をお迎えするときは、プロトコールの問題には特に気を遣う。プロトコールとは「外交儀礼」のことである。たとえば、そのオケージョン (時と場合) に合った服装の選び方とかテーブル上の国旗の立て方といったこまごましたことを含めて、国際舞台におけるエチケットやマナー全般のことだ。日本語でいえばさしずめ「冠婚葬祭のイロハ」といったところだろう。

王室に対する敬愛の念が強いタイのような国の場合は、なおさら注意が必要だ。お迎えした王族に失礼があっては、両国の関係を損ねることにもなりかねない。

「イスはこれでいいのかなあ……」

ガラヤニ王女歓迎準備チームの会合の席上、誰かがふとこう言った。そう言えば、しばらく前にタイの日系企業が主催した屋外イベントで皇太子にすすめられた席にあったのがごく普通の折りたたみ式のイスであったために、タイのマスコミから「王室に対して無礼千万」とたたかれたことがあったのだ。展示室「メディアワールド」の応接会議室にあったイスは、普通の職場にある事務用のイスよりははるかに立派なものではあったが、やはり気になる。結局、会社の近くのホテルから貴賓席用の豪華なイスを借りてくることにした。

このほかにも、外務省の担当官からいろいろなアドバイスをもらったが、その中にこういうのがあった。

「贈り物を差し上げるときには、それをお盆の上に載せ、ひざまずいて前に進みます。もっとも外国ではそこまで気にされないでしょうから、これはやらなくてもいいですよ」

う～ん、いろいろあるんだなあ。これには一同、思わず唸《うな》ってしまった。打ち合わせでは

「そこまでしなくてもいい」ということではあったが、これも結局、贈り物を差し上げる担当になったメディアワールドの説明員の女性が、笑顔でその動作をやってくれた。

さて今回の来訪では、タイ側、ソニー側からそれぞれ5人ずつ出席することになっていた。こういう賓客接待の場では普通、事務方があらかじめ出席者のリストを相互に送っておくこともあって、その場では名刺交換などしない。ビジネス経験がある方ならおわかりだろうが、5人が5人を相手に、互いに列を作ってぞろぞろと名刺交換をするようなシーンは、このような社交の席では、想像するだけでも似つかわしくない。とはいえ、初対面の相手が5人もいると誰が誰だかわかりにくいので、このときはソニー側の出席者だけ、背広の胸ポケットに名札をつけてもらうことにした。着席式の会議なら、卓上に置く名札でもよかっただろう。

ところが直前になって気がついたのだが、この名札を作る係を決めておくのを忘れていた。手書きのようなもので間に合わせようかと思ったが、それではいかにも見栄えがしない。仕方がないので、私は古巣の広告課に行って、イベントなどで使うソニーのロゴ入りカードとプラスチック製の名札ケースを何個かもらい、それにワープロで印字した紙を切り貼りして、どうにか自分で作った。

応接室と昼食会の座席表は、VIP応接担当の宮課長が用意してくれた。こういう場に慣れた重役なら、人から言われずともどのあたりに座ればよいかわかっているかもしれない。しかし、万一、その場になってもたつくとみっともないので、あらかじめテーブルプランを作り、出席する重役陣全員に渡しておいた。

社交の席では普通、席次の高い人を中央にして、ホスト側、来賓側の出席者を交互に配置していく。ただし、英語ができる人とできない人が同席する場合は、英語の堪能な人を合間にうまく配置して、その人に通訳してもらえるようにしておくのがコツ。それから、出席者の人数があらかじめわかっている場合でも、必ず数脚は予備のイスを部屋の隅に置いておく。来訪側の随員などが予定外に増えた場合、座れない人が出ないようにするための用心である。

なお外交儀礼のポイントを素人でもわかるように簡潔にまとめた名著に『国際ビジネスのためのプロトコール』（寺西千代子著、有斐閣）がある。この本には大いに助けられた。かつての私と同じような立場におかれている方には、ぜひお勧めしたい1冊である。

### 井深さん流のおもてなし

さて、王女が来訪される直前になって、井深さんから秘書の倉田さんにこういう指示があった。「鈴木メソードの子どもたちに、バイオリンの演奏をしてもらおうか」

鈴木メソードとは、鈴木鎮一氏（故人）が始めたバイオリンなどの早期教育法で、その教育組織「才能教育研究会」は日本だけでなく、全世界に広がっている。井深さんは以前からこの教育法を高く評価していて、幼児教育に関する著作でもよく引き合いに出していた。

幼児教育に関心を持って来られるお客様にただ話をするだけではなく、生きた実例を見せようなどと思いつくあたりは、さすがである。

王女がソニー本社に来訪された当日は、周到な準備のかいあって、すべて滞りなく進行した。昼食を取りながら井深さんが幼児教育に関する持論をひと通り説明したあと、百聞は一見に如かずとばかり、鈴木メソードでバイオリンを習っている5人くらいの幼児を招き入れて、何曲か演奏してもらった。わずか3歳くらいの小さな子どもたちによるこの巧みなバイオリンの演奏には、王女もいたく感激されたご様子であった。

さて私の通訳だが、今回は事前に何度も「予習」を重ねたかいもあって、どうにかつかえずにできた。特に、昼食会の席上でのスピーチは、ほぼ予想通りの内容だった。

このような席での慣例に従ってデザートの終わるころおもむろに立ち上がった井深さんのスピーチは、フォーマルで端的なものであった。当然のことだが、乾杯のためのスピーチは長くなってはいけない。このとき井深さんが申し上げたのは、来日中のお忙しい日程を縫ってソニーにご来訪いただいたことに対する感謝の念、昼食の席では持論の教育論ばかり聞かせてしまい恐縮極まりないということ、そして最後に、王女様がこれから日本での旅行を楽しまれることをお祈り申し上げます、ということくらいだった。そのスピーチの最後のところで、

"... I'd like to propose a toast to the health of your Royal Highness and the prosperity of the Kingdom of Thailand, wishing that we at Sony can make further contributions to the future and prosperity of your country."（貴国の将来に弊社が一層貢献できることを願いながら、王女殿下のご健康、貴国の将来と繁栄に乾杯を申し上げます）

……という乾杯の辞を滞りなく通訳し終えたときは、あたかも体操の選手がうまく着地して両手をぱっとあげたかのように、「決まったぜ（ボクでもたまにはうまくいくもんだ）！」と内心、うれしく感じていた。

このように、誰かのために捧げる「乾杯」はtoastという。王族などに対してはそれぞれに対する敬称を使って乾杯を申し上げるようだが、ごくざっくばらんなパーティーで使う表現なら、Cheers!（乾杯！）とかHere's to you!（あなたのために）でよい。

なお、このようにフォーマルな席では、乾杯を捧げられる主賓は座ったまま乾杯を受けるのが普通である。日本では乾杯は立ち上がってするが、晩餐会などでは全員が着席したまま行う形式の乾杯（silent toast　サイレント・トースト）もあるから注意がいる。

井深さんの乾杯の辞のあとに、王女殿下が「本日は心温まる歓迎をしていただいて感謝に堪えない」という答礼のスピーチをされた。あとで誰かから聞いたところでは、王族のような高貴な方がこういう場にいらした場合、必ず答礼の辞を賜るわけでもないらしい。王女殿下から答礼のお言葉があったということは、この訪問にたいそうお喜びいただけたということではないか、とその人は言っていた。何はともあれ、この席で失態がなかったことに、私も胸をなでおろした。

この歓迎プロジェクトの指揮官であった広報室の宮課長やアジア課、メディアワールドのスタッフが各自の任務を確実に遂行していたので、私自身は通訳の仕事にほぼ専念できたことも幸いした。こういうプロジェクトを進めるには、あらかじめきちんと役割分担を決めておくことが大切だ。何でもかんでも自分でやろうとすると、なかなかうまくいかない。

これは個人的な思い出話で恐縮だが、王女一行がお帰りになり、井深さんもまた会場をあとにしたときの出来事。出席者の一人であった田宮常務（当時）が、帰り際にひとこと、私にこう声をかけてくれたのだ。

「あなた、井深さんの通訳をやるのがずいぶんうまくなったなあ」

田宮さんと言えば、ソニーの米国現地法人の社長を長年にわたって務めていた大物の営業幹部で、海外営業本部に在籍したことのある私にとってはまさに神様のような存在だった。英語だって私などよりはるかにうまい。付け焼き刃の予習で何とか形をつけた通訳ではあったが、そのような人からほめられたことで、私はすっかり気をよくしてしまった。

周到な準備と多少の自信をもって事にあたれば、人間、何とかなるものだ。

# 第12章　ボクの通訳プレイバック

## 井深さんの十八番

私が井深さんの英語屋をやっていた当時、井深さんが来客にする十八番《おはこ》の話は何と言っても幼児教育論だった。すでに何冊もの著書を出していたので、出てくる話の内容もある程度は固まっていた。そのため、英語屋になった私のほうも、井深さんの書いたものから主なポイントをひろってあらかじめ翻訳するといった「予習」を重ねていくうちに、語彙《ごい》や表現も蓄積され、少しずつではあったがうまく通訳できるようになっていった（第3章「悪戦苦闘の駆け出し通訳」参照）。

もっとも井深さんは、最近読んだ本や雑誌の中からつねに新しい話題をひろってきては、それを会話に織り交ぜて使うので油断がならない。通訳している最中、新しいネタが出てくると「あれ、こんな話が出てくるのは初めてだなあ……」とちょっと不安になったことも何度かあった。

ここで、当時通訳した井深さんの幼児教育の話を少しだけ再現してみよう。あれから10年以上もたっているので記憶もかなり薄れているが、井深さんの口調もできるだけ再現しながら、当時の状況をプレイバックしてみたい。なお、（　）内に書いておいたのは、当時の私が内心つぶやいていたことである。

＊　＊　＊

まず最初にお断りしておきますが、私は別に教育とか育児の専門家ではありません。それなら、どうして『0歳教育』が大切などと主張するかというと、それは、0歳、つまり生まれてから最初の1年という期間が、良い人格を形成するのに最も重要な時期だからで、これは別に頭の良い子、身体の丈夫な子にするという意味に限ったことではありません。

First of all, I would like to tell you that I am neither a specialist on education nor on child rearing. You may wonder why I am speaking about the importance of the child's first year. This year is called the age of zero, literally the first one year after birth, and it is the most important period for forming good human character as well as intellectual and physical abilities.

(「0歳教育」は最近、井深さんが教育論を語るときに最もよく口にする言葉だ。もっとも、これにぴったり当てはまる英語はないようだから、意味をとってうまく説明する必要がある)

知識とか技能なんていうのは、別に急いで教える必要はありません。少しあとから教えたっていい。でも、良い人格を育てるチャンスを逃すと、それはもう二度とできなくなってしまうんです。

You don't need to be in a hurry to give your children knowledge and skills. These can be taught a little later. But if you miss the chance to create good character, you may miss it forever.

(ここまでは、だいたいいつもと同じ。でも、これから先によく新しい話が出てくるんだよね……)

赤ちゃんが持っている能力というのはすごいんですよ。たとえば、生まれたばかりの赤ちゃんの脇に両手を入れて立たせるように抱いて、足を床につけてやると、まるで歩いているように足をぶらぶらさせます。この反射運動は『原始歩行』と言ってね、生まれてから3、4週間も立つと消えてしまうんです。

Babies have great abilities. For example, if you hold a newborn upright by grasping the baby under the arms and touching the feet to the ground, the baby will swing their legs forward as if walking. This response, called the walking reflex, disappears three or four weeks after birth.

(きたきた、原始歩行の話。初めてこの話が出てきたときは「いったい何の話かいな」と思ったっけ。原始歩行はとりあえずprimitive walkingと直訳しておいたけど、あとで確かめたら、walking reflex〈歩行反射〉という学術用語があった。今日はこれを使おう。こういう聞き慣れない用語を通訳するときは、言葉の前後に一呼吸おいて、相手が聞き取れるようにする配慮も必要だ。「赤ちゃんの脇に両手を入れて」のくだりはジェスチャー入りだし、わかってもらえたようだ……)

人間は自分では気付いてないかもしれないが、『歩く』というのはとても高度な技術でね。それなら、この原始歩行が自然に消えた後もそのまま歩く練習を続けたらどうなるかと思って、私と同じように幼児教育に関心を持っている40人くらいのお母さんに頼んで、赤ちゃんの原始歩行を続けさせてみたんです。もちろん、いやがるときは無理強いはしないように、それから1回に数分以上は続けないということにして、赤ちゃんを観察してもらいました。

Because walking is a sophisticated skill, whether we realize it or not, I have been interested in what newborn babies would do if we let them practice walking even after the walking reflex naturally faded away. So I asked about 40 mothers who shared this interest in early childhood education with me, to continue to induce the walking reflex in their babies. Of course, I asked them only to observe their babies, not to force them when they seemed to be unwilling, and not to let them continue the practice for more than a few minutes at a time.

(こういう実験を例に引いてくるあたり、いかにも技術者の出身だよなあ、井深さんは……。このような話を初めて聞く相手のほうは、「いったい何の話かいな」と思うだろうから、ひとつひとつかみくだくように、ゆっくりと説明する必要がある……)

その結果、この実験をした赤ちゃんの場合は、普通よりも2か月くらい早く、よちよち歩きを始め、その後歩くようになったのも早かったのです。それに、一語文、二語文も、平均より2か月くらい早く話し出しました。

As a result of this experiment, these babies began toddling and then walking about two months earlier than usual. In addition, these babies started uttering one or two word phrases about two months earlier than the average baby.

(「よちよち歩きをする」はtoddleという動詞がぴったり。井深さんの通訳を始めた早々はこういう単語さえ知らなかったっけ……)

もちろん、赤ちゃんが早く歩くようになればそれだけいい、などという単純な考えではないんですが、こういった実験を通して、お母さんたちが赤ちゃんと触れあい、よく観察するようになればいいんです。お母さんと赤ちゃんのコミュニケーションが密になることによって、それだけ歩行や言葉が身につくのも早まります。

I do not simply believe that the earlier a baby begins to walk, the better. But I do hope that, through this kind of experiment, mothers will be touching their babies more and be more observant of them. If there is such close communication between mothers and their babies, the babies will learn walking and speaking at an earlier age.

こういうふうに触れ合うことをこちらでは『スキンシップ』といいますが、これはとても大切なことなんです。ただ、『スキンシップ』というのは和製英語でね。（ボクに向かって）そこのとこ、うまく訳してちょうだい。

This method of communication between a mother and her baby by touching each other is very, very important. This is called “skinship” in Japanese, but this term is not a real English word.

（「スキンシップ」が和製英語というのはけっこう知られている話だが、それではどう英語にすればよいか。これは「互いに触れ合うことによるコミュニケーション〈communication by touching each other〉」くらいの意味に訳しておくといいだろう）

人間の能力が遺伝によって決まるのか、それとも環境によって決まるのかということについては、これまでずいぶん議論されてきましたが、性格とか知性は『生まれつき』決まっているものだと考えている人が多いようです。しかし、私の考えでは、人間の性格とか能力の大部分は、生まれてから決まります。

There has been much discussion as to whether human character and ability are determined by heredity or environment. Many tend to think that character and intellect are “inborn”. What I believe in this regard, however, is that much of human character and ability are determined after birth.

（「遺伝か、環境か〈heredity or environment〉」というのは井深さんの教育論を語る上で必須のキーワード。「生まれつき」もよく出てくる言葉で、形容詞ならinborn、副詞として使うならby natureという表現を使うといい）

西洋の社会では、胎児とか新生児が持っている潜在的な能力は、おおかた無視されてきたんです。赤ん坊にはまるで意識がない、という考えが一般的だったからです。これは、フロイトが書いたことが、『子どもの心は3、4歳まで育たない』などという誤解を生んできたからです。

In Western society, the potential abilities of prenatal and newborn babies have been largely ignored. This is because it has been generally believed that these babies do not have any consciousness. I think this belief can be attributed to the work of Sigmund Freud which is sometimes misinterpreted to mean that a child's mind cannot be developed until the child is three or four years old.

(フロイトは近代精神医学の先駆者としてあまりにも有名だから、お客様もだいたいは知っている。もっとも、井深さんの話の中には、知らない学者の名前などが突然出てくることがあるから要注意だ。東洋思想の話で、「孔子」や「老子」が初めて出てきたときはまいったな。孔子はConfucius「カンフューシャス」、老子はLao-tsu「ラォツー」なんだよね……)

これに対して東洋では、赤ちゃんがまだおなかの中にいるときから、お母さんの影響を強く受け、赤ちゃんもそれに反応できるものと考えています。西洋科学では迷信として退けられてきたこの胎教《たいきょう》という考え方を、東洋の社会では昔から代々、受け継いできました。

By contrast, in the Asian way of thinking, a mother can have a strong influence on her baby while the baby is still in the womb and the baby can respond to this influence. Asians have passed down this idea of prenatal education from generation to generation while Western science has completely viewed it as a mere superstition.

（prenatal education＝「胎教」もよく出てくるキーワード。「お母さんのおなかの中」はつまり「子宮の中」＝in the wombでいいだろう。西洋社会では無視されてきたのに東洋では受け継がれてきた、ということも一概には言えないかもしれないけど、東洋と西洋を対比させて説くのは井深さんのスタイルだからなあ……）

古代の仏教の経典では、受胎から誕生に至る胎児の発育段階を5段階に分けていました。これは、胎児の成長や心の育ち方を示したもので、その見方には現代医学にも匹敵するものがあります。

An ancient Buddhist text classified the development of a fetus into five stages from conception to birth. It shows how a fetus grows and how its mind develops through such an observation that may be equal to that of modern medical science.

(「受胎」という言葉も最初は知らなかったが、これはconceptionだ。「胎児」はfetus)

今日では超音波診断装置のおかげで、胎児が母親の感情にどれほど影響を受けているか見ることができます。赤ちゃんはけっして無力、無意識、無感覚な存在などでなく、まだ母親の胎内にいるときからすでに心を持った『人間』であることがわかります。

Today we can see how a fetus is influenced by its mother's feelings, thanks to ultrasonic scanners. We can see that a baby is not a powerless, unconscious, senseless being but exists as a human being with a mind, even when he or she is still in the womb.

（超音波診断装置は an ultrasonic scanner でいい。CT〈computerized tomography〉スキャナーなどという医学用語は、最近では日本語でも使われるようになってきた。でも、井深さんはときどき「核磁気共鳴CT」〈nuclear magnetic resonance CT〉などという最先端の診断装置の名前まで口にするから、通訳するこちらとしてはまいっちゃう）

赤ちゃんは、お母さんが何度も繰り返すものを自然に受け入れるようになります。たとえば、ミルクを与えている間にも赤ちゃんをあやしたり、赤ちゃんの目をじっと見ること。赤ちゃんがバブバブと話していたら、それに応えてあげます。こういったコミュニケーションを繰り返すことによって、赤ちゃんは母親の愛情を知り、愛されること、満足することを学ぶのです。こうすることによって、愛する心が身につきます。

A baby comes to accept naturally what his or her mother repeats: for example, the mother's caressing the baby or looking lovingly into the baby's eyes while giving the milk. When the baby babbles, the mother should respond to the baby. Through the repetition of such communication, the baby feels the mother's love, learns to accept love and to feel satisfaction, and acquires a loving nature.

赤ちゃんの脳は、生後1年で急速に発達します。つまり、子どもの成長にとってきわめて重要な時期は、せいぜい生後1年までですね。この『0歳』という重要な時期を逃さないことを、お母さんがただけでなく、世の多くの人に知ってもらって、子どもたちの健全な心を育み良い人間に育ててほしいと思うわけです。

A baby's brain develops rapidly in the first year after birth. This fact suggests that the first year after birth is very important for the children's growth. I would like all the people, as well as mothers, to know that we should not miss this important period, the age of zero, so that our children can develop sound minds and grow up to be good human beings.

*　*　*

私が通訳した井深さんの話はざっとこんな具合であった。通訳した時間は、時と場合によっても違うが、長いときで1時間から1時間半くらいに及んだだろうか。通訳の仕事は相当の集中力を要するので、疲れ気味のときなどは、けっこうしんどかった。私もまだ20代だったからできたワザかもしれない。

井深さんはいかにも技術者らしく、自ら主宰する幼児開発協会での実験例や雑誌に出ていた記事なども、話の中でよく引用していた。新しい話についていくのは確かに一苦労であったが、またそれだけに自分自身にとっても知的好奇心を刺激される内容であった。

# 第13章　国王陛下を笑わせろ！

## 王様はバスに乗ってきた

　1990年3月には、スウェーデンのカール16世グスタフ国王陛下が東京のソニー本社を訪問されることになった。井深さんはかつて、スウェーデン王立理工学アカデミー（IVA）から招待を受けて本田宗一郎氏らとともに日本の財界人による代表団を組んで同国を訪問したことがあった。今度は、スウェーデンの財界人などが構成する代表団が、いわばその答礼として来日し、各企業を訪問して回ることになったわけである。

　その代表団を率いるのがなんと、スウェーデンの国家元首であられる国王陛下ご自身なのである。ソニーでは、その昔、昭和天皇を会社にお迎えしたことなどもあったそうだが、井深さんの英語屋を務めて4年目の私にとって、「王様」をお迎えするのは初めてだった。

　かつて漫画や子ども向けの物語の挿し絵などで見た「王様」は、豪華なビロードのマントのようなものをまとい、手には王笏《おうしやく》を持ち、頭には王冠をかぶって歩いていた。態度は鷹揚《おうよう》そのもので、気に入ったことがあると「勲章を授けるぞよ」などと言っては、星の形をした勲章を取り出して相手に渡す——王様が来られると聞いた私は、思わずそのような絵を想像してしまった。

それはともかく、代表団一行が来訪するという連絡を受けた私たちは、さっそくVIP応接の準備にとりかかった。王族の接待という意味では前にも経験があったし、例によってVIP応接担当のベテラン・宮《みや》課長の指示を仰ぐことができる。それほど緊張することもないだろう……。

ところが、今回はさすがに一国の元首のご来臨である。ソニーからは結局、井深名誉会長をはじめ、盛田会長、森園副社長、山川常務、島津理事（いずれも当時）と、そうそうたる重役陣が出迎えることになった。おまけに、今回来社するスウェーデン代表団の人数は30人余り。これは大がかりだ。こうなると、たとえ非公式な訪問とは言っても、VIP応接スタッフ一同、よくよく心して取り組まなければならない。見学を受け入れるソニー本社の展示室「メディアワールド」でも、機材の点検やデモンストレーション用のプログラムの準備に大わらわであった。

スウェーデンからの代表団一行を出迎えるにあたって、困った問題がひとつ起きた。国王陛下も他のメンバーと一緒に、貸し切りのバスに乗って来られるというのだ。元首たるもの、当然、黒塗りの高級車に乗ってくるものと思っていた私たちにとって、これはちょっとした驚きであった。

ところが、メディアワールドのある本社第2ビルの正面玄関は直接、公道に面していて、車寄せがない。賓客や重役は地下駐車場に車を乗り入れていたが、大型バスは当然、地下には入れない。

オフィスの外は安全上も問題があるので、スタッフの事前打ち合わせでは、バスから降りた一行をすぐに1階のロビーまで誘導して、ソニーの重役陣にはそこで出迎えてもらうように段取りを組んでおいた。

ところが、ところが、である。せっかち（失礼！）なことではソニー社内でも名高い盛田会長が、その場になってこう言い出した。

「一国の元首を出迎えるのに、建物の中で待つとは無礼だろう！　外で出迎えるぞ」

（まあ、それもっともなんだけど……）

バスが玄関先に着くと、盛田会長はソニー重役陣を全員、バスの乗降口まで引っ張って行き、そこで「ようこそ、ソニーへ」と握手を始めてしまった。しかし、そこは会社の敷地ではなくて、普通の歩道の上。私たちスタッフは、一国の元首に万一、何かのトラブルでも起きては……とヒヤヒヤしながら見ていたが、歩道を占拠すること数分の後、出迎えは何とか無事に終わった。

ついでに書いておくと、国賓としての公式訪問であれば、会社の前の道路は警察が通行規制をしてくれる。だが、このときの来訪は非公式の日程だったので、通行規制などはいっさいなかった。もっとも、このような場合でも、私服の警官が来て目を光らせてくれているし、会社の総務担当者や警備員なども万全の配置についている。

それにしても、国王陛下のカッコイイこと！　北欧の民はバイキングの末裔《まつえい》だというが、30余名の代表団を率いてソニーのオフィスにさっそうと乗り込んできた国王陛下のお姿には、まさに古《いにしえ》のバイキングの頭領を彷彿《ほうふつ》とさせる風格があった。一行にとっては、まさに「われらがキング」といった存在なのだろう。

ただし、私が勝手にイメージしていた童話の挿し絵のような王様とは違って、国王陛下が普通の背広を召されていたことは言うまでもない。

ところで、井深さんがかつてスウェーデンを訪問したとき、グスタフ国王陛下が、ほとんどと言っていいほど唐突に勲章を取り出し、その場で井深さんに授与されたという逸話がある。あとからその話を聞いた私は思ったものだ。

「昔読んだ漫画に出ていたような王様、本当にいるんだなあ……」

井深さんが拝領したこの勲章は、スウェーデン王国勲一等北極星章（Commander First Class of the Royal Order of the Polar Star）という。一度見せてもらったことがあるが、文字通り星の形をした、いかにも勲章らしいデザインの勲章だった。

今でこそ当時の手帳を見ないと正確には書けないこのような勲章の名前も、井深さんの英語屋をやっていた当時は全部そらんじていた。通訳している話の最中に、「前に国王陛下からいただいたあの勲章……」などという話が出ないとも限らないからだ。

ついでに書いておくと、井深さんの受章歴はきらびやかそのものである。民間人としては最高峰のわが国の勲一等クラスの勲章だけでも、勲一等瑞宝章《ずいほう》（1978年）、勲一等旭日大綬章《きょくじつたいじゅ》（1986年）、文化勲章（1992年）と受章しているほか、没後にはさらに上の勲一等旭日桐花大綬章《とうか》まで追贈《ついぞう》されたという。特に財界人が文化勲章まで受賞するというのは、きわめて稀なことらしい。エレクトロニクス技術や教育の振興などで、戦後日本の文化の一翼を担ってきた井深さんの面目躍如たるものがここにある。

### 受けを取ったボクの工夫

スウェーデン代表団一行がソニーに到着した時点に話を戻そう。

私たちは、あらかじめ確保しておいた数基のエレベータにこの代表団を分乗させて、ビルの14階にある展示室「メディアワールド」に案内した。

お客様の人数が多い場合にも対応できるようにわりあい広く作ってあった応接会議室も、30

余名の代表団を迎えたこの日ばかりは、壁一面に並んだ補助イスでぎゅうぎゅう詰めに近い状態だった。コンパニオンの女性がコーヒーを出そうにも、非常に通りにくい。かなりもたつきながら一行に何とか着席してもらうと、ソニーを代表して井深さんがおもむろに歓迎の挨拶を始めた。

　挨拶の要旨を書いたメモにちらちらと目をやりながら、英語のスピーチの定石通り、まずは呼びかけの言葉から始める。

“Your Majesty, Ambassador. . . . and Royal Mission Members:”（国王陛下、大使閣下……それに王立使節団の皆さん）

「国王陛下には自分の言葉で語りかけたい」という希望を井深さんから聞いていた私自身は、いつものように通訳をすることもなく、そのすぐ後ろに控えていた。そこに待機していたのは、万一、井深さんが言葉につかえたときに背後からセリフをささやくための用心だが、この日の井深さんは絶好調で、そのような心配はまったく無用だった。

「本日はソニーにお越しいただき、ありがとうございます」という来社に対する謝辞に続いて、相手とのこれまでの関係について少し触れておく。１９８７年にはノーベル賞授賞式に招かれて国王陛下やＩＶＡの皆様からたいへん温かい歓迎を受けたこと、また国王陛下は１９８５年３月にもソニーの工場を訪問していただいたことに言及し、弊社に２度もご来駕《らいが》いただいて恐悦の至り、ということを申し上げた。

ここで、井深さんに渡した挨拶用のメモにあらかじめ入れておいた「国王陛下とソニーとは、実は同い年なんですよ」という一節を井深さんが使ってくれた。国王陛下は１９４６年4月30日のお生まれで、ソニーの創立はそれから1週間後の5月7日だったのである。これに対して少し興味深そうな表情を見せた一行に、“. . . So we are like brothers.”（だから、私たちは兄弟のようなものですね）というアドリブを、ちょっとはにかんだような笑顔を浮かべながら井深さんがつけ加えると、代表団一同は爆笑。さすがは井深さんの人柄である。他のキャラクターが同じことを言っても、ここまでは受けなかったかもしれない。

そして最後に、「本日は当社の最新技術の一端をお楽しみいただければ幸いです」という言葉で締めくくった。

井深さんのこの挨拶で場の雰囲気が大いにやわらいだので、メモを用意した私もちょっと安心するとともに、とてもうれしくなってしまった。

ところで、欧州の国々の中にも、英語が話せる人がわりあい多い国とそうでない国とがあるようだが、私が接したスウェーデンの人々は、皆一様に英語が堪能であった。もちろん、スウェーデン語が英語と同じゲルマン語系統に属しているせいもあるだろうが、聞いたところでは、スウェーデンでは小学校から英語教育があるそうで、どうやらこのあたりに上達の秘訣《ひけつ》があるらしい。

それにスウェーデンの人々は、ちょっとしたユーモアにも愛想良く笑ってくれた。こういう社交的な国民性は、国際コミュニケーションでは大いにプラスになっているようだ。民族の気質など一朝一夕にして変わるものではないが、こういう態度は見習いたい。

井深さんの歓迎の挨拶が終わると、さっそく展示室の見学に移った。最先端の技術を使った数々の製品をご覧いただき、いよいよ私の担当していた「リピーター」の展示コーナーに差し掛かった。

「これは音声を繰り返し聞くことにより外国語をマスターする装置で、井深氏自身の発案ででき たものです」などと英語で簡単に説明しながら、私はこの日のためにこっそり作っておいたスウェーデン語のカードをおもむろに取り出して実演を始めた。

スピーカーからスウェーデン語で音声が流れる。

「おはようございます」「ようこそいらっしゃいました」と機械から次々と出てくる母国語での挨拶に、一行はちょっと驚いた様子。そして3枚目のカードが「東京は初めてですか?」と言うと、国王陛下を含めてまたまた大爆笑! カードを用意した私もこれほど受けるとは思わなかったが、スウェーデン語の素材をここまで準備してあったという意外性が良かったのかもしれない。

自慢話のついでに書いておくと、実はこの日、スウェーデン代表団一行にご覧いただいた数ある展示品の中でも、いちばん受けたのがこのリピーターの展示コーナーだった。何も寄席ではないのだから、笑いを取ればいいというものでもないだろうが、自分の些細《ささい》な工夫がいくらかでもお客様のおもてなしに役立ったのは、やはりうれしかった。その当時のことを振り返るにつけて、「あのようなたわいのない工夫でも、とにかくやっておいたのは正解だったな」と今でも感じる。

幸いなことに、ソニーの広報室の人がその場面を写真に撮っておいてくれた。その写真は、井深さんの英語屋を務めていたときの良い思い出のひとつとして、私の机の上で輝いている。裏方として英語屋の仕事をしていた当時の私を撮った写真はそれほど多くはない。その数少ない写真の中で、この1枚は、自分にとってまさに最高の「勲章」と言えるかもしれない。

**誰が説明するんだ!?**

スウェーデン代表団一行のソニー見学は、引き続き順調に進行していた——かのように見えた。しかし、イベントにはとかくハプニングがつきものである。ある製品の展示ブースに来たとき、一行について歩いていた私は真っ青になった。

そこにいるはずの説明員が、いない。カラーモニターだけが、デモ用の映像をたんたんと流している。

それに気付いた盛田会長が、すぐにいらいらし始めた。

「おいおい、誰が説明するんだ!?」

一行はすでに製品の前に立って、説明を待っている状態だ。そのコーナーだけパスすることもできないし、説明員を探している時間もない。そう判断した私は、自分で説明することにした。他に選択肢はない。

この展示室「メディアワールド」には、それまで何度もお客様を連れて見学に来ていたので、それがどういう製品なのかはだいたいわかっていた。製品の実物は展示してあるのだから、見ればわかる。あとは、その使用法や用途を簡単に説明するだけだ……。

「この製品は○○と申しまして、いまご覧いただいておりますように……」などと、私は英語で適当に説明を始めた。幸い、デモ用の映像が順調に流れていたし、何とかごまかせたようだ。

私の説明がいまひとつ足りなかったのか、英語に堪能な盛田会長がひとことふたことつけ加えていた。そして一行は何事もなかったかのように、次のコーナーへと移っていった。

これはあとでわかったことだが、そこに配置されていた説明担当の技術者が、機材に突然発生した不調を直すために展示ブースの裏側に入っていたのが原因だった。製品が動かなくてはどうしようもない。幸い、装置は動き出したが、当人は説明に出てこれなかった、というわけだ。

市販されているわが国の家電製品は、よほど古いものでない限り、動作不良を起こすことなどめったにない（と思う）。しかし、展示用に作った試作品やデモ用のソフトウェア等の場合、途中でダウンしてしまうこともままある。そういった不測の事態にどう対処するかということも、スタッフとして考えておくべき重要なポイントかもしれない。

メディアワールドの見学も何とか終わった。一行をふたたび応接会議室に通し、軽い飲み物などを出してソニー側から挨拶をしたら、あとはお帰りいただくだけ。もう一息だ。

そうそう、会社案内のパンフレットなどが入ったおみやげの手提げ袋は用意できているだろうか。そう思って隣の控室をのぞいた私は、ふたたび真っ青になった。まだできていない！中身と袋がばらばらだ。お客様の人数が多いので、袋詰めの作業にも予想以上に時間がかかっていたのだ。

私はあわてて、血相を変えて袋詰めをしていた女性社員を手伝い始めた。もうすぐ一行がソニーを発《た》たなければならない時間だ。数分で終えなければ間に合わない。

そのとき、汗だくになって作業をしていた私の頭上から、ちょっとしわがれた、しかし威勢のよい、聞き覚えのある声がした。

「お、袋詰めか。大変だな。手伝うぞ！」

頭を上げた私の目の前で、きれいな白髪の紳士がせっせと袋詰めをしていた。私はまたまた青くなった。手伝ってくれたその人は、盛田会長だった。

## 反省と教訓

かくして、国王陛下自ら率いる大代表団の見学受け入れも、何とか事なきを得て終了した。適当に受けも取れたし、スタッフの一人としてうまく立ち回れたことに、私もいくらかは満足を覚えていた。

ところが後日、広報室・VIP受け入れ担当の宮課長から電話がかかってきた。「今回は不手際が多かったことで、盛田会長がちょっとおかんむりでさ、上のほうがあれこれ言われたらしいんだよ。それで反省会をやることになってね。君も出てくれるかな」

前にもどこかで書いたが、井深さんにしても盛田さんにしても、ソニー創業者世代のトップは細かなことにこだわる。小さな町工場の時代から何でも自分でやってきただけに、いろいろなことに気がつくのだろう。

ペイペイの私などが上層部の会議に出てもしょうがないかな、などとちょっと思ったが、スタッフの一人としては、この問題の行く末が気になる。そう思った私は、宮さんについて、この「反省会」に出席した。

なにしろ社内の話なので、会議の内容の委細は書けない。ただ、会議室にしてもエレベータにしても、30名を超える代表団を一度に迎え入れるにはスペース上、無理があったのではないかという指摘があったことくらいは、ここに書いておいても別に差し支えないだろう。進行中、あちらこちらでつまずいたのも、このことが大きな原因となった。時間の制約があったにしても、二手に分けて案内するといった方法を取るべきだったかもしれない。

国王陛下がバスで来られたことから、通行規制もしていない公道上でソニー首脳陣と握手を交わしたことも、安全上、大きな問題であった。だがこれについては、非公式な訪問でもあったし、展示室のある建物の配置がそうなっている以上、物理的な限界としか言いようがない。

ひとつのイベントを遂行するにあたって、このように予算や時間、物理的な制約に悩まされることはよくある。しかし、いちばん大きなカギになるのは「人」だ。ソニーという会社はその点、すばらしいトップやスタッフに恵まれていた。メディアワールドはその後も、多くのVIPを受け入れ続けていると聞く。そういえば、宮課長がこうぼやいていたのを覚えている。

「当局筋なんかからさあ、『外国から東京に来る要人に見学させてあげてほしい』ってしょっちゅう頼んでくるんだよね。あそこに行けば、日本の誇るハイテク製品が見られるし、応対は懇切丁寧だし、VIPも喜んでくれる、ということらしいんだよ。それに、タダだしね……」

お客様に喜んでもらえるエクセレントカンパニーも、けっして楽ではないようだ。

# 第14章　たかが英語屋、されど……

## 突然の訃報

忘れもしない、1997年12月19日の昼過ぎのこと。3年前にソニーを退社して自宅で仕事をしていた私はその日、ずいぶんご無沙汰していたソニーのある社員の方から電話をもらった。

「珍しい人からだな……」と思って電話をとった私の耳に入ってきたのは、井深さんの訃報だった。

「何かの間違いでは……」と思ってテレビをつけたところ、午後3時のNHKのニュースがトップで井深さんの逝去を報じた。「巨星墜つ」という落胆や「なにしろ89歳という高齢でもあったし……」という諦念《ていねん》と同時に、とても仲睦まじかった奥様と天国のゴルフ場を一緒に楽しく歩いている井深さんの絵がなぜか心に浮かんできた。最後の数年間は車イスの生活で、大好きだったゴルフもできなかったからなあ……。

それと同時に、いかにも俗世間的な迷いが私を襲った。もうソニーを離れて久しい、今となっては一部外者の私が、身内の告別式に伺ってもいいのかな……などと逡《しゅん》巡《じゅん》し始めたのである。かつての「井深組」にいた人たちに電話をかけて状況を尋ねたところ、告別式はキリスト教式で、いわゆる「密葬」とは違うことがわかったので、とにかくお見送りに行くことにした。

私は焼香とか献花の場面が大の苦手である。そこで故人の遺影に面すると、いろいろな思い出が心をよぎってつい落涙してしまう。ポロポロと涙を流しながら式場から出てきた私を見かけて、私のことを覚えていた井深さんの子息が「浦出さん、よく来てくれたね」と声をかけてくれた。

出棺までの間、私が井深さんの英語屋を務めていた当時お世話になった、懐かしい人たちとも出会った。悲しい雰囲気の中にも、昔話に花が咲いた。その中で、みな異口同音に言っていたのは、「井深さんの近くで仕事ができて、本当に楽しかったね」ということだった。

## さようなら、井深さん

それからさかのぼること7年前の1990年12月、それまで4年半にわたって務めた井深さんの英語屋の仕事を終えた私は、ソニーの某営業本部に異動して国内および海外営業の仕事についた。異動直後から現場の喧噪に巻き込まれて多忙な日々を送っていたせいか、その前後の出来事はあまり印象に残っていない。

そのころ、私があまりにも安い背広を着ていたのを（しかもまだ独身だったことを）気にしていたのだろうか、英語屋の仕事を離れたあとになって、井深夫人が「何もしてあげなかったから……」と言って銀座の三越に私を連れて行き、ブレザーと背広を1着ずつ買ってくれた。私としては、恐縮するやら気恥ずかしいやら……といったところではあったが、何だか古い商家で奥様からそっとお小遣いをもらった丁稚《でっち》の小僧になった気分もして、妙にうれしかった。

それから2年余りが経った。私は営業の現場で係長になっていたが、いろいろと仕事をやっていくうちに、「このままサラリーマンをやっていて、自分は10年後、20年後にハッピーな人生を送っているだろうか？」と思い悩むようになった。たとえ管理職になれたところで、自分で納得のいく、満足できる仕事をしていなければ人生は無意味だ。そう思い至った私は、会社を辞めて独立することにした。

折から、原因不明の腰痛にも悩まされていた。一時は、まっすぐ立って歩けないほどひどくなった。井深さんが社内に作っていた東洋医学の診療所で鍼灸《しんきゅう》の治療を受けたおかげで何とか歩けるようにはなったが、このような身体の不調も私が会社を辞めるに至った遠因だったかもしれない。なおこの腰痛は、私が会社を辞めると同時に完全に治ってしまった。その当時は気がつかなかったが、自分で思っていた以上に精神的なストレスがかかっていたようだ。

退社の手続きは実にそっけないものだった。当初、私は半紙に筆で黒々と「退職願」と書いたものを、上司の机にバーンとたたきつける自分の姿を想像していた。しかし実際は、会社が用意してある所定の用紙に理由と日付を書いて判を押し、庶務の女性に渡すだけだった。

退職理由を書く欄は、「私は（　）により……」のカッコ内に適当な言葉を入れなさいという、まるで入試問題のようなものだった。それを見た私は、苦笑しながら「私事都合」とだけ書いた。日本の会社を自ら辞める場合、これ以外に書く言葉などあるはずもない。

会社を辞めることにしました、と秘書の倉田さんに挨拶に行ったところ、井深さんが何日に出社されるから、そのときにご挨拶なさい、というありがたいご配慮をいただいた。

ついでに書いておくと、井深さんが名誉会長だったころは、定年で退職する従業員一人一人に自ら感謝状を手渡し、記念写真を撮っていた。このようにして感謝状を渡された人は、毎週4、5人くらいはいたと思う。

これは人から聞いた逸話だが、どちらかといえば会社と対立する立場を取っていた人が定年退職したときの話。社内の誰かが、「あの人に名誉会長自ら感謝状をあげる必要などない」などと進言したらしい。それを聞いた井深さんは、憤然としてこう言ったという。

「この会社で働いてくれたことに変わりはない。感謝状はほかの皆と同じく、私自身の手で差し上げる」

井深さんはそれほど心優しく、律儀な経営者であった。

会社を去る直前、私は役員室に挨拶に向かった。

久しぶりに見た井深さんは、車イスに乗っていた。身体も一回りくらい細くなっていた。言葉のほうもかなり不自由で、口数もめっきり少なくなっていたが、頭の中では相変わらず、様々な考えがはり巡らされているようだった。

「ソニーを辞めることにしました。あまりお役に立てない英語屋で申し訳ありませんでしたが、本当にお世話になりました……」

ぼそぼそと小声でそう挨拶した私に、井深さんは何も言わなかった。ただ、車イスの膝《ひざ》の上で、そっと私の手を握ってくれた。

そのとき私は改めて思った。この偉大な創業者の身近で、曲がりなりにも英語屋の仕事をさせてもらえて本当に良かった、と。

井深さんの近くに仕えた4年半は、ある意味では現場の仕事からかけ離れた、いわばモラトリアムのような期間でもあった。まるで一炊の夢のように過ぎたこの期間を総括して私はこう呼んでいる。偉大な起業家のそばに英語屋として仕え、有意義で貴重な経験を積むことのできた日々。それまでの人生で最も楽しかった、あの「4年半の休暇」と……。

**コミュニケーションの優劣を決めるもの**

本書の冒頭、私は「英語屋と呼ばれたことを誇りに思っている」と書いた。その気持ちは今でも何ら変わりない。

俗に「語学屋」とか「英語屋」と呼ばれる人々は、社内で「ゼネラリスト」を自称する人々から便利屋としてこき使われる存在に過ぎない——そのような蔑視《べっし》も、かつてはあったかもしれない。かくいう私自身も、外国語というのはあくまでコミュニケーションの手段に過ぎないと思っている。だが諸先達の努力によって、最近は通訳や翻訳者の仕事が認められ、一部では脚光を浴びるようにさえなってきた。

通訳や翻訳者の中には、伝達すべき内容やその背景について、そこらの自称「ゼネラリスト」などよりもうんと勉強している人がたくさんいる。特に（私がかつてやっていたような身振り手振りも交えながらの通訳と違って）通訳用のブースの中で純粋に「言葉」だけで勝負する同時通訳者のような「プロ中のプロ」の努力や見識、技術たるや相当なものである。もしかしたら、語彙《ごい》に乏しい某政治家本人の言葉を通訳するよりも、よほど上手にわが国を代表することができるかもしれない。

しかし、こういった人々の才覚の大部分は、表には出てこない。時には依頼人に理解されず、正当に評価されないこともあるだろう。それでもこういった言葉のプロたちは黙々と働いている。

井深さんという人は、語るべき話の中身もたくさん持っていたし、コミュニケーションの大切さを知っていた。一介のヒラ社員である英語屋の私の仕事ぶりについても、評価するところはきちんと評価してくれた（もっとも、ダメな奴だと思われたほうが多かったかもしれないが……）。だからこそ、英語屋としての私も納得して仕事をすることができた。

自戒の意味も込めて言えば、平均的な日本人はコミュニケーションがまだまだ下手だ。それは「英語が流暢《りゅうちょう》に話せない（またはうまく聞き取れない、書けない、読めない）」などという単純な問題ではない。話すべき内容や主張がない、話していることが論理的でない、（たとえばユーモアやウィットを交えるといった）コミュニケーション上の気配りひとつできないといった、もっと根本的な問題なのである。気の利いた英語の言い回しをひとつ、ふたつ知っているかどうかなど、所詮《しょせん》は末節の問題に過ぎない。

著しい情報化の進行と、戦後最悪とも言われる大不況によって日本の社会構造が大きく変わろうとしている今、新たな時代を切り開くカギのひとつは、卓越したコミュニケーション能力だろう。今までのように、「暗黙の了解」とか「以心伝心」といった、なあなあな人間関係ではうまくいかないことも多くなる。新時代を切り開くアイディアや構想を、正しく円滑に伝達することのできるコミュニケーション能力を持つ人材が、これほど必要とされる時代はない。

通訳、翻訳者を使う人は、自分では英語を話したり書いたりしなくても、コミュニケーションの本質やその重要性を正しく認識しておくべきである。

コミュニケーションの大切さがよくわかっている人が使ってこそ、「英語屋」は生きる。井深さんがかつての私を上手に使ってくれたように。

# あとがきにかえて

本書をお読みいただき、まことにありがとうございました。「あとがき」というほどのものでもありませんが、読者の皆さまにここで問題をひとつ。

(問) この文章を書いた筆者のねらいは何でしょうか。次の(1)〜(5)から選びなさい。

(1) 井深さんの英語屋としての自分の経歴を自慢したかった。
(2) 英語屋として得た貴重な経験や教訓を少しでも多くの人と分かち合いたかった。
(3) ソニーの創業者である井深さんは立派な人だった、ということを世に伝えたかった。
(4) コミュニケーションで大切なのは言葉だけではない。伝えるべき内容や非言語的な手段もまた重要である——ということを主張したかった。
(5) 印税が欲しかった。

さて、あなたが選んだ答は何番でしょうか。
答をひとつしか選ばなかった人は、失礼ですが、典型的な「受験人間」かもしれません。私にもそういうところはありますが、実際の世の中には、「答」はいくつもあります。こういう人は、これから世間を生き抜いていくのは大変かもしれません。少なくとも、私のようなフリーランサーになるのはやめておいたほうがいいでしょう。

「こんな出題自体、ばかばかしい。筆者の気持ちなどわかってたまるか」と思ったあなたは、批判的に物事を捉える力を持っています。かつてある作家が、国語の入試問題に自分の作品が引用されているのを見て、「このとき筆者はどう思ったか」という問題の答を選択肢の中から選んだところ、なんと不正解だったという話もあります。このようなエッセイなど、所詮《しょせん》、その読み手が自分の好きなように読めばいいのではないでしょうか。

筆者である私の答は「(1)から(5)まで全部」です。強いて順位をつけると、(2)と(4)が同じくらいで、その次に来るのが(3)。ただし、(1)や(5)の動機もなかったとは言えません。しがないフリーランサーは、「飯のタネ」になるのだったら自慢話でも何でもするものです。

「あとがき」などと言いながら、少々茶化してしまい恐縮です。本書の中で、このような筆者の意図がうまく伝わらなかったとすれば、それはひとえに筆者の文章の稚拙によるものです。どうぞ笑ってお許しください。

本書は、１９９６年から１９９９年までの2年半にわたって『通訳・翻訳ジャーナル』（イカロス出版）という月刊誌に連載した『ボクはおじいちゃんの英語屋さん』というエッセイに加筆、大幅に再構成して、1冊の本にまとめたものです。連載当時は、同誌の購読者層がどちらかといえばプロの通訳者・翻訳者を目指す人たちだということも考慮して、いわば「釈迦に説法」となるような英語の学習法についてはあまり触れませんでした。

このたび、広く一般の方を対象とした本として再構成するにあたって、私が会社員時代に実際に使っていた英語の表現や勉強法なども随所に書き加えました。「この程度の英語力で、よく通訳のような仕事ができたものだ」と呆《あき》れた方もおられるかもしれません。それでも、英語を勉強している方やこれから英語を勉強しようと思っている方にとって、本書がいくらかでも「この程度の英語力でも努力と工夫さえすれば何とかなる」といった励ましにでもなれば、筆者として幸いこの上ありません。

本書には、ソニーにお勤めの方々も多数、実名または匿名で登場していただきました。はなはだ勝手な文脈で言及させていただきましたことにつきましては、どうぞご容赦くださいますようにお願い申し上げます。

最後になりましたが、本書の発刊にあたってプロの編集者としての立場からいろいろとアドバイスをしてくださった集英社新書編集部の皆さまに厚く御礼を申し上げます。

またこれは身内のことで恐縮ですが、連載当時から原稿を読んで、わかりにくい部分などについて意見してくれた妻と、毎回楽しみに読んでくれた両親と祖母にここで感謝を表することをどうぞお許しください。

井深さんご夫妻のご冥福をお祈りしつつ。

2000年2月

著者